Thomas Nagel

Die Grenzen der Objektivität

Philosophische Vorlesungen

Übersetzt und herausgegeben
von Michael Gebauer

Philipp Reclam jun. Stuttgart

Originaltitel: The Limits of Objectivity. The Tanner Lecture on Human Values. Gehalten am Brasenose College der University of Oxford am 4., 11. und 18. Mai 1979 von Thomas Nagel, Princeton University. Abdruck in: The Tanner Lectures on Human Values 1980. [Vol.] I. Ed. by Sterling M. McMurrin. Salt Lake City: University of Utah Press; Cambridge/London/Melbourne/Sidney: Cambridge University Press, 1980. S. 75–139.

Universal-Bibliothek Nr. 8721 [2]

Gesamtherstellung: Reclam, Ditzingen. Printed in Germany 1991

ISBN 3-15-008721-X

Inhalt

Vorwort des Herausgebers

In diesem Bändchen werden in deutscher Sprache Vorlesungen herausgegeben, die sich auf vorzügliche Weise zur Einführung in das Werk eines der Hauptvertreter des zeitgenössischen metaphysischen Realismus und des Essentialismus der Princetoner Schule[1] eignen, das demnächst geschlossen in deutscher Übersetzung vorliegen soll. Hierbei handelt es sich bislang um eine Trilogie von Arbeiten Thomas Nagels zur Ethik – *Die Möglichkeit des Altruismus* –, zur Metaphysik – *Der Blick von Nirgendwo*, Frankfurt a. M. [ersch. 1992] – und zur Politik – *Gleichheit und Parteilichkeit* (die bibliographischen Daten der englischen Originalausgaben sind dem am Schluß des Bändchens abgedruckten Werkverzeichnis zu entnehmen), an deren hervorragender philosophischer Bedeutung kein Zweifel bestehen kann.

An den »cartesianischen Meditationen« Nagels zum Bewußtsein, zum Ich und zur Ethik beeindruckt nicht nur die Konsequenz seiner Konzentration auf die Problematik des Antagonismus von Subjektivität und Objektivität, sein ungebrochener metaphysischer Impetus, sowie sein Realismus und daher zugleich auch immer sein Skeptizismus, sondern man kann von ihnen auch lernen, daß philosophische Reflexionen, die sich auf einer *mittleren* Ebene analytischer Präzision bewegen, konsequenter voranschreiten und interessanter sein können als sogenannte analytische »Theorien«, die oft kein besseres Verständnis eines *Problems* erzeugen, sondern nur einen neuartigen oder anderslautenden *Jargon*, der das alte, eigentliche Problem – wenn er es nicht geradezu verdeckt – lediglich umbenennt, ohne es wirklich zu entfalten und zu verschärfen. Um das psycho-

1 Hiermit ist – bei allen Unterschieden in den einzelnen Ansätzen – ein Kreis um den amerikanischen Philosophen und Logiker Saul Kripke gemeint: also Saul Kripke, David Lewis, Thomas Nagel, Nathan Salmon, Mark Johnston und andere.

physische Problem bedenklich finden zu können, benötigt man weder eine »Theorie« von Funktion und Argument noch muß man die Ergebnisse einer Zeitlogik abwarten.
In einem Aufsatz, der überlegenswerte Bedenken gegenüber der auch hier vertretenen Idee eines *objektiven* Selbst namhaft macht, sich Nagel aber in entscheidenden Hinsichten anzuschließen scheint, hat Dieter Henrich die Bedeutung eines einflußreichen Gedankenexperiments für die metaphysischen Reflexionen Nagels hervorgehoben, das auf Rawls zurückgeht und auch für einige Thesen des vorliegenden Bändchens leitend war: »Nagel ist von der Ethik ausgegangen; und er ist von John Rawls' Theorie der Gerechtigkeit auf sein Problem geführt worden. In dieser Theorie werden die Institutionen einer Gesellschaft als vernünftig und gerecht über ein Gedankenexperiment begründet: Jede Person, die solche Einrichtungen annehmen und für sie eintreten soll, wird in eine Situation versetzt, in der sie *keine* Erkenntnis von dem wirklichen Leben hat, das sie *selbst* innerhalb dieser Institutionen wird führen können. In dieser Lage soll sie nun entscheiden, welche Einrichtungen sie für sich selbst als die besten würde ansehen müssen. Aufgrund dieser Operation sollen aus dem Prinzip der unparteiischen Richtigkeit, dem Institutionen zu genügen haben, wenn sie für vernünftig gelten sollen, konkrete Urteile über den institutionellen Aufbau einer Vernunftgesellschaft gewonnen werden.«[2] Es ist nützlich, Nagels Überlegungen zum objektiven Selbst und seine Unterscheidung von Innenperspektive und Außenperspektive zumindest in der Dimension der praktischen Vernunft auch als Verallgemeinerung von Rawls' Operation verstehen zu können, wenngleich sie bei Nagel – und Wittgenstein – letztlich metaphysisch, aus den Bedingungen der Komplexität unseres eigenen Wesens und der *unauflösbaren* Doppelperspektive eines *verkörperten Bewußtseins* in der Welt begriffen wird und damit, wie es

2 Dieter Henrich, »Dimensionen und Defizite einer Theorie der Subjektivität«, in: *Philosophische Rundschau* 36 (1989) S. 3.

scheint, aus einer – keiner dialektischen Operation zur Disposition stehenden – Notwendigkeit. Einige Aspekte der Innenperspektive sind nur scheinbar kontingent, und es wird geradezu zu einem innovativen philosophischen Problem, genau welche Aspekte der beiden Perspektiven notwendig und welche kontingent sind und damit auch einer potentiellen ethischen Dynamik unterworfen sein können. Nagels Verachtung für extern motivierte, eilfertige »Lösungen« intuitiv beunruhigender Probleme, unter ihnen insbesondere auch solche, die von vermeintlich zwingenden philosophischen *Methoden* veranlaßt werden, ist notorisch. Ein *Problem*denker kann sich keiner festgeschriebenen Methode ausliefern, und Nagel hat sich zu metaphilosophischen Fragen bisher nur beiläufig geäußert,[3] doch man kann auf einer sehr allgemeinen Ebene davon ausgehen, daß auch er zwei legitime Verfahrensweisen anerkennt, die in der analytischen Philosophie in der einen oder anderen Form beobachtet werden können und die man die *analytische* und die *synthetische* nennen kann (beide sind unumgänglich, schließen einander nicht aus und manifestieren gleichermaßen eine unausräumbare Dualität des apriorischen und des aposteriorischen Beitrags zu jedem philosophischen Problem): Die eine Verfahrensweise unterzieht gleichsam aus einer Innenperspektive eine natürliche, unausweichliche und in diesem Sinne *a priori* gegebene Begrifflichkeit jener Art philosophischer Selbsterforschung, die nur von ihren Besitzern geleistet werden kann, und gründet sich auf die Überzeugung, daß eine apriorische Untersuchung vorwissenschaftlich gegebener Begriffe Entdeckungen in bezug auf das Wesen der Realität erlaubt, auf die solche Begriffe Anwendung finden. Sie wird sich bevorzugt ganz bestimmten elementaren Begriffen zuwenden, die ein schlechthin notwendiges Bewußtsein und Verständnis unser selbst und der Welt zu

3 In aller Schärfe im Vorwort seines Buches *Über das Leben, die Seele und den Tod. Essays*, übers. von Karl-Ernst Prankel und Ralf Stoecker, Königstein (Ts.) 1984.

beinhalten scheinen, dessen sich keine mögliche Wissenschaft je wird entledigen können, da sie es immer wieder in Anspruch zu nehmen hat: die Begriffe etwa des Bezeichnens und der Wahrheit – aber auch des Handelns oder des Selbst – sind solche Grundbegriffe. Philosophie in diesem Sinne wird fragen: Wieviel Wahrheit über die Realität ist in diesen reichen apriorischen Begriffen verborgen und durch eine rein philosophische Analyse ans Tageslicht zu bringen? Wie erwerben wir solche Begriffe a priori und warum sollten wir eigentlich von der Realität und der notwendigen Zusammengehörigkeit der Aspekte überzeugt sein, die sie uns in bezug auf die Wirklichkeit zu enthüllen scheinen? Im allgemeinen muß sich jeder beliebige technische Jargon, in der Wissenschaft ebenso wie in der theoretischen oder praktischen Philosophie, letztlich mit den Mitteln einer natürlichen Begrifflichkeit erklären und auf Merkmale zurückführen lassen, die es uns ermöglichen, den Begriff zu verstehen und anzuwenden – ja, ihn überhaupt erst zu *besitzen*, und auch hier findet philosophische Analysis ein Untersuchungsgebiet. Dieser Ansatz ist altbekannt und so traditionell, wie – und dies wird nicht immer gesehen – eine so verstandene analytische Philosophie insgesamt wesentlich traditionell ist.[4] Eine ganz andere Verfahrensweise in der Philosophie dagegen setzt höher an und unterzieht ein gleichfalls empirisch vorliegendes – obgleich vielleicht seinem Anschein nach notwendiges – spezifisches *Problem* einer Untersuchung (und auch hier ist der Ansatz so wenig neu oder unbekannt, daß er mit Fug und Recht auch eine »dialektische« Methode genannt werden könnte). Der Motor »kontrollierten philosophischen Fortschritts«, wenn es dergleichen denn geben kann, ist nun nicht so sehr die *Analysis*, die

4 So sind auch Kripkes Arbeiten in diesem Sinne durchaus traditionell. Vgl. Abhandlungen wie Saul Kripke, *Naming and Necessity*, Cambridge (Mass.) 1980 (dt.: *Name und Notwendigkeit*, übers. von Ursula Wolf, Frankfurt a. M. 1981), und Brian O'Shaughnessy, *The Will. A Dual-Aspect Theory*, Cambridge 1980.

Explikation, Rekonstruktion, Revision (oder was es im einzelnen auch immer sei) einer fundamentalen Begrifflichkeit als vielmehr die skeptische Explikation und Rekonstruktion einer uns faktisch vorgegebenen *Aporetik*: eine Kollision offenbar zueinander in Konkurrenz tretender und nicht ohne weiteres vermittelbarer Elemente unserer Welt- und Selbstbeschreibung, die ein Philosoph, ohne seine eigene Besonderheit zu verkennen, aus einer gleichwohl wesentlich *externeren* Perspektive als der vorigen heraus beobachtet und als theoretisch (und persönlich) beunruhigend empfindet. In bezug auf diese Aporetik wird er nun entweder Bedingungen der Möglichkeit von Vermittlung, von *Synthesis*, erwägen oder, falls Vermittlung nicht möglich ist, eine revisionäre oder skeptische Lösung.[5] Es ist diese zweite Methode, die in den Schriften Thomas Nagels mit großer Meisterschaft praktiziert wird; sie baut trivialerweise auf den Ergebnissen der analytischen Methode auf und steht daher nicht zu ihr in Gegensatz, doch sie strebt nach einem andersartigen – nicht weniger abstrakten und doch persönlicheren – philosophischen Verständnis. Das beste neuere Beispiel für dieses Vorgehen, das ich kenne, ist in Nagels bisherigem Hauptwerk *Der Blick von Nirgendwo* seine ebenso eigenständige wie eigenwillige Interpretation des Freiheitsproblems und des Problems des Sinnes des Lebens.

Eine überaus lesenswerte »elementare« Einführung in seine Arbeiten wurde vom Autor selbst in *Was bedeutet das alles? Eine ganz kurze Einführung in die Philosophie* (Reclams Universal-Bibliothek, 8637) gegeben. Das Kernproblem, an dem sich jedoch eine ihrem Anspruch nach »professionelle« Rezeption der Schriften Nagels trotz ihres thematischen Reichtums nicht vorbeimogeln darf, sondern auf das sie sich schlechterdings konzentrieren sollte, ist der für sein Den-

5 Siehe Saul Kripke, *Wittgenstein – On Rules and Private Language*, Cambridge (Mass.) 1982, S. 66–69, 134, 141 (dt.: *Wittgenstein über Regeln und Privatsprache*, übers. von Helmut Pape, Frankfurt a. M. 1987).

ken typische graduelle *Dualismus* eines Kontinuums von »Innenperspektiven« und »Außenperspektiven« und die Zuordnung der mit ihm intendierten Polarität zu einer graduellen Polarität von Subjektivität und Objektivität. Dieser neuartige Dualismus hat sein Fundament in komplizierten, verstreut publizierten, weitgehend skeptischen Überlegungen zum psychophysischen Problem und zur Rolle des Reduktionismus in der philosophischen Psychologie und erschließt sich am besten im Ausgang von diesem Problem. Es würde mich sehr wundern, wenn es nicht gerade dieser Dualismus ist, der Nagels Thesen ihre eigenständige philosophische Bedeutung sichert, doch ohne Zweifel wird sich manche Kritik, sobald sie diese Polarität nicht präzisieren zu können glaubt, damit auch gleich der mit ihren Mitteln beschriebenen Probleme für überhoben halten. Jedenfalls führt im Hinblick auf eine adäquate Würdigung der Schriften Nagels kein Weg an ihm vorbei.

Im Hinblick auf das vorliegende Buch, das allerdings, mit Verlaub, als Prolegomenon einer Objektivitätstheorie gelesen werden sollte, tut der Leser gut daran, zunächst mit der Lektüre des Anhangs *Das Subjektive und das Objektive* zu beginnen, der den inneren Zusammenhang der hier behandelten Themen untereinander aufzeigt. Zudem sollte er sich immer darüber im klaren sein, daß es sich bei allen hier übersetzten Texten um Problemskizzen handelt, die sich mit gegenwärtigen Diagnosen des Autors zwar überschneiden, aber *keineswegs* in jedem Punkt decken müssen.

Myriam Farhand und Thomas Nagel sei für ihre nachsichtige Unterstützung meiner Arbeit an dieser Übersetzung gedankt, die ich Myriam Farhand widmen möchte.

M. G.

Erste Vorlesung

Bewußtsein

1. Die folgenden Vorlesungen handeln von der Objektivität und ihren Grenzen. In der zweiten und der dritten Vorlesung wende ich mich normativen Fragen zu: ich werde die Objektivität der Ethik verteidigen und zu erklären versuchen, was sie bedeutet. Doch heute möchte ich über das Problem der Objektivität sprechen, wie es in der *Metaphysik* auftritt, insbesondere in der philosophischen Psychologie. Ich mache hiermit den Anfang, da die Problematik in beiden Bereichen eine ähnliche Form annimmt und da gewisse Gedanken, die sich auf dem Gebiet der Metaphysik ergeben, unsere Vorstellung davon beeinflussen, was wir zu leisten haben, wenn wir auf dem Gebiet der Ethik Objektivität entdecken wollen. Ich erhoffe mir hiervon nicht nur Einsichten in bezug auf die Subjektivität und die Objektivität auf dem Gebiet der philosophischen Psychologie, sondern ich möchte zusätzlich eine Diskussion der Frage vorbereiten, was der Fall zu sein hätte, damit eine Moral objektiv sein könnte.

2. Als eine Verständnishilfe möchte ich zunächst einfach – ohne dies durch Argumente abzusichern – eine These aufstellen, die ich durch die Untersuchung einiger spezifischer Fälle zu erhärten hoffe.
Unsere Objektivität ist ein Verfahren des Verstandes. Es sind Überzeugungen und Erkenntnisse, die im primären Sinne objektiv sind. Die Wahrheiten, zu welchen man auf diesem Wege gelangt, nennen wir nur in einem abgeleiteten Sinne objektiv.
Um zu einem objektiveren Verständnis eines Aspektes des Lebens oder der Welt zu gelangen, treten wir von unserer ursprünglichen Sichtweise dieses Aspektes zurück und bilden uns eine neue Auffassung, welche die ältere Auffassung

und ihre Weltbeziehung zu ihrem Gegenstand hat. Mit anderen Worten, wir integrieren *uns selbst* in die Welt, die wir gerade zu verstehen versuchen. Die alte Auffassung wird von nun an als eine Art Schein betrachtet, als eine subjektivere Auffassung als die neue, die mit Bezug auf diese berichtigt und bestätigt zu werden vermag. Wird dieses Verfahren jeweils wiederholt, ergeben sich weitere, immer objektivere Auffassungen.
Es wird aber nicht in jedem Falle zu einem Ergebnis führen, und gelegentlich wird man glauben, zu einem Ergebnis gelangt zu sein, während dies in Wirklichkeit gar nicht der Fall ist: dann gilt Nietzsches Warnung, daß wir es mit einer verfehlten Objektivierung eines Aspektes der Wirklichkeit zu tun haben, der aus einer objektiveren Perspektive gerade kein besseres Verständnis zuläßt. Obgleich es also zwischen der Objektivität und der Realität einen Zusammenhang gibt – denn nur unter der Voraussetzung, daß wir selbst und unsere Erscheinungen Bestandteile einer größeren Wirklichkeit sind, wird ein solches Verfahren sinnvoll, durch Zurücktreten von den Erscheinungen zu einem besseren Verständnis der Wirklichkeit gelangen zu wollen –, ist die objektive Realität dennoch nicht die gesamte Realität, denn nicht alles Wirkliche läßt sich um so besser verstehen, je objektiver es betrachtet wird. Erscheinungen und Perspektiven sind wesentliche Elemente dessen, was es gibt, und in mancher Hinsicht aus einem weniger distanzierten Blickwinkel besser verständlich. In der Ethik wie in der Metaphysik ist der Realismus zwar die Basis eines jeden Anspruches auf Objektivität und Distanz, er stützt ihn jedoch nur bis zu einem gewissen Grade.

3. Die Fragestellung, der ich mich nun zuwenden möchte, lautet: Gibt es einen Sinn, in welchem sowohl das Bewußtsein als auch das Ich Bestandteile der *objektiven* Wirklichkeit sind? Ganz zum Schluß werde ich mich dann der Frage zuwenden, was es bedeutet, daß eine besondere Person kein

anderer ist als *ich* (oder *Sie*). Doch zunächst möchte ich über den *objektiven* Status psychischer Phänomene im allgemeinen sprechen.

Diese Frage bildet den Hintergrund des psychophysischen Problems, denn dieses (auch Leib-Seele-Problem genannte) Problem tritt überhaupt erst dadurch auf, daß bestimmte Qualitäten unseres psychischen Lebens ein Hindernis für die Ambitionen einer außerordentlich wichtigen Auffassung der Objektivität darstellen. Ich werde hier keine Lösung des psychophysischen Problems anbieten, doch ich glaube, daß sich ohne ein Verständnis dieser Auffassung und eine sorgfältige Untersuchung ihrer Ansprüche im Hinblick auf dieses Problem keinerlei Fortschritt erzielen läßt.

Der Einfachheit halber nenne ich diese Auffassung die *physikalische* Auffassung der Objektivität. Sie ist nicht identisch mit unseren Auffassungen darüber, wie die physikalische Wirklichkeit tatsächlich beschaffen ist, doch sie hat sich als ein Teil des Verfahrens entwickelt, durch das wir zu einem zutreffenderen Verständnis der physikalischen Welt gelangt sind, einer Welt, die uns auf eine ursprüngliche und ziemlich unzutreffende Weise durch die sinnliche Wahrnehmung gegeben ist.

Diese Auffassung entwickelt sich in mehreren Stufen, wobei uns das jeweils folgende Stadium ein objektiveres Bild vermittelt als das vorangegangene. Das erste Stadium ist die Einsicht, daß unsere Wahrnehmungen durch die Einwirkung von Gegenständen auf uns verursacht werden, durch ihre kausale Einwirkung auf den Körper, der seinerseits ein Bestandteil der physikalischen Welt ist. Im zweiten Stadium erkennen wir, daß die wahre Natur physikalischer Eigenschaften von ihrer wahrnehmbaren Erscheinungsweise unabhängig zu sein hat und ihr nicht notwendigerweise gleichen muß, da dieselben physikalischen Eigenschaften, die durch unseren Körper Empfindungen in uns hervorrufen, sowohl bei anderen physikalischen Gegenständen ganz andere Wirkungen hervorbringen, als auch bestehen können, ohne überhaupt Wahrnehmungen zu verursachen. Im dritten Stadium machen wir den Versuch, zu einer Beschreibung dieser wahren Natur zu gelangen, die nicht davon abhängt, wie sie uns oder Wesen mit anderen Wahrnehmungsformen erscheint. Das heißt nicht nur, daß wir uns die physikalische Welt nicht aus dem Gesichtspunkt unserer individuellen Perspektive denken, sondern daß wir sie uns ebensowenig aus dem Gesichtspunkt einer allgemeineren menschlichen Wahrnehmungsperspektive denken: wir erwägen nicht mehr, wie etwas aussieht, sich anfühlt, riecht, schmeckt oder klingt. Diese sekundären Qualitäten scheiden von nun an aus unserem Bild von der Außenwelt aus, und die ihnen zugrunde liegenden primären Qualitäten werden strukturell aufgefaßt.

Dieses Vorgehen hat sich als eine außerordentlich fruchtbare Strategie erwiesen. Unser Verständnis der physikalischen Welt wurde mit der Hilfe von Theorien und Erklärungen, die sich einer Begrifflichkeit bedienen, die nicht an spezifisch menschliche Wahrnehmungsformen gebunden ist, enorm erweitert. Zwar liefern uns unsere Sinne erste Belege, von denen wir ausgehen müssen, doch unser physikalisches Verständnis der Welt ist nun derart, daß wir auch dann über es verfügen könnten, wenn wir mit keinem einzigen unserer jetzigen Sinne ausgestattet wären, sofern es sich bei uns um rationale Wesen handeln würde, welche die mathematischen und die formalen Eigenschaften dieser objektiven Auffassung der physikalischen Welt verstehen könnten. In einem bestimmten Sinne könnten wir ein Verständnis der Physik sogar mit anders gearteten Wesen teilen, deren Wahrnehmung der Erscheinung der Dinge eine ganz andere wäre – solange auch diese Wesen rational wären und der Mathematik kundig.

Die von dieser objektiven Auffassung beschriebene Welt kennt nicht nur kein *Zentrum*, sie kennt in gewissem Sinne noch nicht einmal *Qualitäten*. Zwar haben in ihr die Dinge Eigenschaften, doch bei keiner dieser Eigenschaften handelt es sich um wahrnehmbare Aspekte. Diese Aspekte wurden insgesamt in den Bereich des *Bewußtseins* abgeschoben, ein Gebiet, das erst noch zu erforschen ist. Die physikalische Welt, wie sie eigentlich beschaffen sein soll, enthält keine subjektiven Gesichtspunkte, sie enthält nichts, was nur aus einer besonderen Perspektive zugänglich wäre. Was auch immer in ihr vorkommt, kann von einem allgemeinen rationalen Bewußtsein erfaßt werden, das seine Information von ganz gleich welcher perzeptiven Perspektive bezieht, durch die es kontingenterweise die Welt betrachtet.[1]

4. Obgleich sie sich als sehr mächtig erwiesen hat, stößt diese gleichsam ausgebleichte physikalische Objektivitätsauffassung auf Schwierigkeiten, wenn sie als eine Methode in Anspruch genommen wird, mit der zu einem *vollständigen* Verständnis der Wirklichkeit gelangt werden kann. Denn das Verfahren der Objektivierung ging von der Feststellung aus, daß die Weise, auf welche uns die Dinge erscheinen, von der Wechselwirkung unseres Körpers mit dem übrigen Inventar der Welt abhängt. Wir verfügen dann jedoch über keinerlei Erklärung der Wahrnehmungen und der besonderen Perspektiven, die wir gemeinsam mit den Erlebnissen andersartiger Wesen als für die Physik nicht relevante Aspekte hinter uns gelassen haben, die aber offenbar dennoch existieren – ganz zu schweigen von der psychischen Tätigkeit der Ausbildung einer objektiven Auffassung der physikalischen Wirklichkeit, für die es ihrerseits eine physikalische Analyse nicht geben kann.
Angesichts dieser Tatsachen könnte man zu dem Ergebnis kommen, die einzig denkbare Schlußfolgerung *könne* nur lauten, daß die Wirklichkeit mehr als das umfaßt, was in der

1 Eine ausgezeichnete Erklärung dieses Gedankens findet sich bei Bernard Williams in seinem Buch *Descartes: The Project of Pure Inquiry*, Harmondsworth 1978 (dt.: *Descartes: Das Vorhaben der reinen philosophischen Untersuchung*, übers. von Wolfgang Dittel und Annalisa Viviani, Königstein i. Ts. 1981). Er nennt ihn die *absolute* Konzeption der Realität.

physikalischen Objektivitätsauffassung untergebracht werden kann. Doch einer erstaunlichen Anzahl von Leuten schien dies nicht einzuleuchten. Das Physikalische besaß seit jeher eine so unwiderstehliche Anziehungskraft und Dominanz für unsere Vorstellung von dem, was es gibt, daß man immer wieder den Versuch unternahm, alles und jedes in sein Schema zu pressen und die Wirklichkeit von etwas zu bestreiten, das sich nicht als auf das Physikalische reduzierbar erweist. Infolgedessen konnten sich in der philosophischen Psychologie nicht wenige außerordentlich unplausible Positionen einnisten.

Diese moderne Schwäche für physikalistische Reduktionen läßt sich, wie ich glaube, ein Stück weit durch das Faktum erklären, daß man bislang über keinen weniger reduktiven und weniger minimalistischen Objektivitätsbegriff verfügte, mit dem man an die Verwirklichung des Vorhabens eines objektiven Weltbildes denken konnte. Die Objektivität der Physik schien ein gangbarer Weg zu sein, denn in ihr ergab es sich, daß die sukzessive Konzentration auf Eigenschaften der physikalischen Welt, die durch vorangegangene Entdekkungen ins Blickfeld gerückt worden waren, ein immer tiefer gehendes Verständnis erzeugte.

Es ist zwar richtig, daß neuere Überlegungen in der Physik bei einigen Leuten den Eindruck hinterlassen haben, daß sie vielleicht am Ende doch nicht in der Lage ist, zu einer Auffassung von dem, was es – unabhängig von aller Beobachtung – wirklich gibt, zu gelangen. Ich möchte mich jedoch nicht einfach darauf berufen, daß der Gedanke der objektiven Wirklichkeit aufgrund der Quantenphysik ohnehin hinfällig sei, und wir daher ebensogut aufs Ganze gehen und die Subjektivität des Psychischen einräumen könnten. Auch wenn die Quantenphysik sich nach Meinung einiger Physiker nicht auf eine Weise interpretieren läßt, die eine Beschreibung der Phänomene ohne jede Bezugnahme auf einen Beobachter ermöglicht, so braucht der nichteliminierbare Beobachter gleichwohl kein Vertreter einer besonderen

Gattung wie der menschlichen zu sein, für den die Dinge auf eine hochspezifische Weise aussehen oder sich anfühlen. Die genannte Einschränkung führt daher nicht zur Anerkennung des gesamten Spektrums subjektiver Erlebnisse.
Das Grundproblem besteht also auch nicht darin, ob wir im Rahmen unserer Auffassung der *physikalischen* Welt auf die Anerkennung subjektiver Perspektiven angewiesen sind. Wie die Antwort auf diese Frage auch immer lauten mag, wir bleiben konfrontiert mit dem eigenständigen Problem des Bewußtseins. Die Phänomene des Bewußtseins selbst sind es, die dem Gedanken, die physikalische Objektivität stelle die allgemeine Form der Wirklichkeit dar, die deutlichsten Einwände machen. Folglich möchte ich die Idee der Objektivität gerade nicht preisgeben, sondern vielmehr daran erinnern, daß die physikalische Objektivität nicht ihre einzig mögliche Interpretation ist.

5. Später werde ich geltend machen, daß auch die Ansprüche einer erweiterten Objektivität nicht übertrieben werden sollten, doch zunächst möchte ich auf die Möglichkeit eingehen, daß wir zu einem *objektiven* Begriff des Psychischen gelangen könnten. Wir streben nämlich deshalb nach einer solchen Auffassungsweise, weil wir von einem Zusammenhang zwischen dem, was wirklich ist, und dem, was objektiv verstanden werden kann, ausgehen – sei dieser Zusammenhang auch kein strenger. Insbesondere unterstellen wir, daß auch wir selbst – unser Bewußtsein eingeschlossen – nicht *nur* ein Bestandteil der Welt, wie sie uns erscheint, sind: obgleich wir natürlich *zusätzlich* einen Ort in der phänomenalen Welt haben. Sind wir jedoch ein Bestandteil der Welt, wie sie an sich ist, so sollten wir eigentlich zu einer Selbstauffassung gelangen können, die nicht bloß eine Auffassung aus der *Innen*perspektive ist: zu einer Auffassung meiner selbst aus der *Außen*perspektive als ein Wesen, das *in* der Welt *enthalten* ist.
Es ist nicht offensichtlich, daß dies möglich ist, obgleich sich

die Frage freilich auf eine ganz natürliche Weise stellt. Um hier weiterzukommen, haben wir uns zu fragen, ob eine Auffassungsweise unserer eigenen Psyche aus einer objektiven Perspektive überhaupt möglich ist. Wie auch auf anderen Gebieten, so ist es hier wesentlich, daß wir die Objektivität nicht mit der *physikalischen* Objektivitätsauffassung gleichsetzen, sondern sie uns als etwas denken, das hinreichend allgemein ist, um im Falle unterschiedlicher Erkenntnisgegenstände dennoch unterschiedlich interpretiert werden zu können.

Die allgemeine Idee der Objektivität, von der wir Gebrauch machen müssen, um uns *eine einzige Welt* denken zu können, die sowohl psychische als auch physikalische Phänomene enthält, ist die Idee der Welt, wie sie *an sich* ist, und nicht der Welt, wie sie aus irgendeiner spezifischen Perspektive innerhalb ihrer erscheint. Wenn diese Auffassung auch im Hinblick auf die Psyche ganz anders arbeitet als im Hinblick auf die Materie, so muß sie gleichwohl ein Verfahren an die Hand geben, sich die Inhalte der Welt auf eine Weise zu denken, die sich von jeder spezifischen Perspektive innerhalb dieser Welt loslöst. Seine Ergebnisse werden also einem Wesen, das eine bestimmte Perspektive einnimmt, nur dann verständlich sein, wenn auch ein solches Wesen über die Welt so nachdenken kann, daß es von seiner besonderen Perspektive abstrahiert.
Unsere Fähigkeit, uns auf diese Weise zu distanzieren, ja unser Verlangen nach einer solchen Distanzierung, macht eine unserer wichtigsten und kreativsten Eigenschaften aus. Zwar führt sie uns zu verfehlten objektiven Auffassungsweisen des Psychischen und anderer Gegenstände, falls die verfügbaren Interpretationen der Objektivität zu mager ausfallen, doch sind wir in der Lage, hier Abhilfe zu schaffen, indem wir uns um eine Interpretation bemühen, die dem Gegenstand angemessen ist, statt das Bewußtsein und seine Aspekte mit den Mitteln einer Objektivitätsauffassung ver-

stehen zu wollen, die zum Zwecke der Erklärung ganz andersartiger Dinge entwickelt worden ist. Dies wirft die Frage auf, ob wir, wenn wir die Welt auf eine Weise betrachten, die von unserer spezifischen Perspektive absieht – wenn wir sie uns also als einen Ort denken, der uns *enthält* –, eine objektive Auffassung ausbilden können, die Perspektiven – unsere eigene und die anderer Wesen – *einschließt* und sie nicht als Aspekte der *physikalischen* Welt mißdeutet.

Es gibt in der Welt zahllose Perspektiven ganz unterschiedlicher Art, und wir kennen nur einige wenige von ihnen. Sie alle unabhängig von jeder spezifischen Perspektive verstehen zu wollen, würde ein Vorgehen der Transzendenz des Selbst erfordern, das von jenem verschieden wäre, das sich bei der Erforschung der Außenwelt einstellt. Womöglich kann es eine dem Bewußtsein angemessene Objektivitätsauffassung gar nicht geben, in welchem Falle wir die Wahl hätten, entweder die Annahme preiszugeben, daß alles Wirkliche ein objektives Wesen hat, oder die Annahme, daß das Bewußtsein etwas Wirkliches ist. Doch mit diesem Dilemma sind wir nicht einfach schon aufgrund der Tatsache konfrontiert, daß die *physikalische* Auffassung der Objektivität auf das Psychische nicht angewandt werden kann. Es ist offensichtlich, daß sich eine *objektive* Auffassung psychischer Phänomene nicht bloß auf eine Abstraktion von den spezifischen Formen unserer *externen* Wahrnehmung dieser Phänomene gründen kann, wie dies bei physikalischen Phänomenen der Fall ist. Wir haben also vielmehr zu fragen, ob sie sich auf eine Weise verstehen lassen, die von der spezifischen Perspektive, der sie erscheinen, unabhängig ist und die dennoch ihren perspektivischen Charakter nicht preisgibt.

Ich möchte verdeutlichen, wie ein natürliches *objektives* Verständnis des Bewußtseins aussehen könnte. Seine Anfänge liegen, wie ich glaube, im normalen Begriff des Bewußtseins, doch es kann über ihn hinaus weiterentwickelt werden. Die Frage lautet dann: wie weit?

Ein gutes Stück weiter, meine ich. Ich möchte nun erklären, wie ein natürliches objektives Verständnis des Psychischen nach diesen Grundsätzen aussehen würde. Mir scheint, wir können uns selbst, unsere Erlebnisse und alles übrige, als in einer Welt enthalten denken, die aus einer anderen als einer spezifisch menschlichen Perspektive aufgefaßt werden kann, und wir können dies denken, ohne das Psychische auf das Physikalische zu reduzieren. Doch ich glaube darüber hinaus, daß jede solche Auffassung *notwendigerweise* unvollständig bleiben wird. Dies bedeutet also, daß die Suche nach einer objektiven Auffassung der Wirklichkeit auf Grenzen stößt, die nicht bloß praktischer Natur sind, auf Grenzen, die von einer bloß objektiven Intelligenz, wie reich sie auch wäre, nicht überschritten werden können. Und schließlich werde ich behaupten, daß dieser Umstand allein schon deshalb nicht philosophisch alarmierend ist, weil es keinen Grund für die Annahme gibt, die Welt, wie sie an sich ist, müsse objektiv verstanden werden können. Es ist ein natürliches Bestreben, so viel von der Wirklichkeit wie möglich unserer Fähigkeit eines distanzierten, objektiven Verständnisses zu unterwerfen, doch es sollte uns nicht überraschen, wenn die Objektivität wesentlich *unvollständig* ist.

6. Das grundlegende Problem, wie das Bewußtsein objektiv verstanden werden kann, tritt in der Philosophie auch unabhängig von dem Anspruch auf, eine vollständige wissenschaftliche Weltbeschreibung zu geben: als das Problem des Fremdpsychischen. Jeder von uns ist das Subjekt einer Vielzahl von Erlebnissen, und um zu verstehen, daß es in der Welt auch andere Subjekte gibt, muß er in der Lage sein, sich Erlebnisse zu denken, deren Subjekt nicht er selbst ist: Erlebnisse, die ihm nicht *gegenwärtig* sind. Hierfür bedarf er notwendig des *generischen* Begriffs *eines Subjekts* der Erfahrung, unter den er sich dann als eine Einzelinstanz zu stellen hat. Es reicht nicht aus, die Vorstellung des unmittelbar Empfundenen in den Körper anderer Wesen hineinzu-

projizieren, denn in diesem Falle würde er sich – wie Wittgenstein auffiel – lediglich vorstellen, *in ihrem Körper* etwas zu empfinden, also gerade nicht denken können, daß es das *andere* Wesen ist, das etwas spürt.

Obgleich jeder von uns mit der geforderten allgemeinen Begrifflichkeit aufwächst, die es ihm ermöglicht, an die Existenz genuin *anderer Subjekte* zu glauben, war sie dennoch philosophisch hochproblematisch, und es gab immer schon erhebliche Meinungsverschiedenheiten über ihre Funktionsweise. Einige Philosophen sahen sich zu Analysen gedrängt, die mit einer verhaltenswissenschaftlichen, kausalen oder funktionalen Begrifflichkeit operierten, und dies deshalb, weil der alltägliche Begriff des Bewußtseins – obgleich *kein* theoretischer Begriff – offenkundig ein Begriff davon ist, wie die *Welt* beschaffen ist, und man annahm, daß die physikalische Objektivitätsauffassung die allgemeine Form des Verständnisses der Beschaffenheit der Welt darstellt.

Andere Philosophen sahen sich mit einem unlösbaren Problem des Solipsismus konfrontiert, da sie erkannten, daß sich die physikalische Objektivitätsauffassung nicht auf das Psychische anwenden ließ. Der Solipsismus ist das Unvermögen, ein vom eigenen Bewußtsein unterschiedenes genuines Bewußtsein überhaupt denken zu können, und er scheint sich mir auf einer höheren Ebene der Einsicht zu bewegen als der Reduktionismus, denn er entledigt sich nicht des Problems, das gesehen und gelöst werden muß, wenn wir verstehen wollen, was ein Bewußtsein ist und wie die Welt dergleichen enthalten kann.

Doch beide Reaktionen beruhen auf demselben grundlegenden Irrtum. Der gewöhnliche Begriff des Psychischen enthält bereits die Anfänge einer ganz anderen Konzeption der objektiven Wirklichkeit. Wir können den Gedanken eines anderen Bewußtseins gar nicht *verstehen*, wenn wir ihn auf eine Weise interpretieren, die unverständlich wird, wenn wir den Gedanken auf uns selbst anzuwenden versuchen. Denken wir uns das Bewußtsein eines anderen Wesens, so geben wir den wesentlichen Faktor einer Perspektive nicht automatisch preis: wir fassen ihn vielmehr generisch auf und begreifen uns selbst als eine mögliche Perspektive unter anderen. Das erste Stadium der Objektivierung des Psychischen besteht für uns alle darin, die Idee der Gesamtheit aller *menschlichen* Perspektiven – unsere Eigenperspektive eingeschlossen – zu begreifen, ohne ihnen ihren Charakter als Perspektiven zu nehmen. Was hier für Subjekte gilt, trifft auf analoge Weise in einer zentrumlosen Auffassung des Raumes, in welchem kein Punkt eine privilegierte Position innehat, auf physikalische Gegenstände zu.

Unsere Fähigkeit, die eigenen Erlebnisse aus einer *Außen*perspektive – als innerweltliche Ereignisse – aufzufassen, macht den Anfang eines objektiven Begriffs des Bewußtseins aus. *Wenn* dies möglich ist, *dann* sind auch andere in der Lage, sich diese Ereignisse zu denken, und umgekehrt können wir selbst die Erlebnisse anderer nun gleichermaßen aus der Außenperspektive auffassen. Jedes beliebige Erlebnis kann dann nicht nur aus der Perspektive *seines* Subjekts gedacht werden (und nicht nur sein Subjekt kann wissen, daß es auftritt), sondern auch aus anderen Perspektiven – zumindest dann, wenn diese Perspektiven ihrer Art nach der Perspektive des Subjekts hinreichend ähnlich sind.

Um dies zu denken, machen wir nicht von einem externen Vorstellungsvermögen Gebrauch, sondern vom generischen Begriff subjektiver Perspektiven, von welchen wir uns einen bestimmten Fall und eine bestimmte Form vorstellen. Es ist dieses allgemeine Vorstellungsvermögen der subjektiven Einfühlung, das uns im Erwerb eines objektiven Bewußtseinsbegriffes einen ersten Schritt aus uns herausführt und das jede einzelne Person instand setzt, sich als einen Teil unter Teilen der Welt zu begreifen.

Noch handelt es sich in keiner Weise um einen Prozeß der Abstraktion von den allgemeinen Formen unserer eigenen

Erlebnisse. Wir denken Erlebnisse immer noch mit den Mitteln der vertrauten Perspektive, die wir mit anderen menschlichen Wesen gemeinsam haben. In der externen Auffassung des Bewußtseins ist zunächst nur der imaginative Gebrauch dieser Perspektive im Spiel, der sich auch im Falle eigener Erlebnisse partiell bei den Phänomenen der Erinnerung und der Erwartung unserer eigenen Erlebnisse bemerkbar macht.

Was hier für die Vorstellung eines Erlebnisses aus der Außenperspektive durch die subjektive Einbildungskraft gilt, ist der Vorstellung einer objektiven räumlichen Konfiguration durch die visuelle Einbildungskraft analog. Wir verwenden die normale Erscheinung als ein Medium. Der Gegenstand der Vorstellung gleicht der Vorstellung nicht in jeder Hinsicht. Er wird mit den Mitteln gewisser allgemeiner Merkmale der subjektiven Erfahrung – *subjektiver Universalien* – gedacht, von welchen uns einige Fälle aus unserer eigenen Erfahrung bekannt sind. Doch wie in schlechthin allen anderen Fällen ermöglicht uns unsere Fähigkeit zur Bildung allgemeiner Begriffe nicht nur die Vorstellung einer gegenwärtigen Situation aus der Außenperspektive, sondern darüber hinaus den Gedanken anderer *Möglichkeiten*, die wir nicht selbst erlebt haben und vielleicht niemals unmittelbar erleben werden. Der vortheoretische Begriff des Bewußtseins enthält bereits eine Form von *Objektivität*, die es uns erlaubt, ein Stück weit über unsere eigenen Erlebnisse und über solche Erlebnisse hinauszugehen, die den unseren genau gleichen. Erst der nächste Schritt ist der wirklich gravierende, der Schritt über ein an der Ähnlichkeit orientiertes Denken hinaus.

7. Eine Möglichkeit besteht natürlich immer: nämlich die, daß dieser Prozeß nicht weiter fortschreiten *kann*. Wir besitzen zwar einen Begriff des Bewußtseins, der generisch genug ist, um sich dem Solipsismus und vielleicht sogar dem Ethnozentrismus entziehen zu können, doch wir sind wo-

möglich außerstande, die allgemeine Form der menschlichen Erfahrung und die menschliche Perspektive zu transzendieren. Diese Perspektive erlaubt es uns aufgrund der Flexibilität der menschlichen Einbildungskraft, Erlebnisse zu denken, die wir nicht gehabt haben. Doch sie ermöglicht uns nicht die Loslösung des Bewußtseinsbegriffes von jeglicher *menschlichen Perspektive*. Falls dies zutrifft, so gibt es für die Objektivität dieses Begriffes strikte Grenzen; und dies wiederum würde bedeuten, daß wir uns nicht als Bestandteile einer Welt begreifen können, deren Realität aus jeder beliebigen rationalen Perspektive anerkannt werden würde.

Das ist ein drastisches Ergebnis, doch es folgt meiner Meinung nach, wenn wir auf dem gegenwärtigen Gebiet die Suche nach Objektivität auf den Gebrauch des subjektiven Vorstellungsvermögens in bezug auf die Erlebnisse anderer einschränken. Auch wenn wir eine gewisse Flexibilität einräumen, gilt, daß das subjektive Vorstellungsvermögen nicht weiter reichen kann als bis zu diesem Punkt. Und es könnte so aussehen, als gäbe es keine andere Möglichkeit, eine Psyche – meine eigene oder die eines anderen Wesens – aus der *Außen*perspektive zu denken, ohne das Faktum preiszugeben, daß es sich bei ihr um eine subjektive Perspektive handelt. Denn begreifen wir sie nicht aus der Innenperspektive, dann sieht es so aus, als müßten wir sie als einen Teil der wohlbekannten Außenwelt begreifen, und das ist gerade der uralte Fehler.

Das Problem besteht also darin, ob wir uns einen generischen Begriff eines Erlebnisses bilden können, der weit über unseren eigenen Erlebnisbegriff und alles, was ihm ähnlich ist, hinausgeht; oder genauer: ob es einen solchen Begriff *geben* kann – denn möglicherweise besitzen wir gegenwärtig gar nicht die Fähigkeit, ihn zu erfassen, wie wir vermutlich heute zu nicht mehr als einem ganz abstrakten Verständnis von Begriffen der objektiven physikalischen Wirklichkeit imstande sind, die in fünfhundert Jahren ausgearbeitet sein werden. Doch die Möglichkeit, daß es einen solchen Begriff *gibt*, ist ein hinreichendes Motiv für den Versuch, ihn zu entwickeln. Nur wenn wir von vornherein überzeugt sind, daß das gesamte Unternehmen sinnlos ist, dürfen wir die Grenzen der Objektivität in bezug auf das Bewußtsein so nahe entlang den Grenzen unserer eigenen Perspektive ziehen.

8. Ich glaube jedoch, daß wir in Wirklichkeit bereits über einen rudimentären generischen Erlebnisbegriff verfügen und daß dieser Begriff seinen Gehalt nicht insgesamt einbüßt, wenn wir mit seinen Mitteln über Fälle nachzudenken versuchen, bei welchen wir nicht wissen können, wie er im Einzelfall anzuwenden ist.
Betrachten wir zunächst einmal Fälle, bei welchen es starke Anzeichen dafür gibt, daß dort Erlebnisse im Spiel sind, obgleich wir weder wissen, wie sie beschaffen sind, noch jemals auf ein Verständnis ihres internen Wesens hoffen können, das uns die *Selbst*zuschreibung dieser Erlebnisse ermöglichen würde. Dies gilt mindestens für einige Erlebnisse aller Tiere, deren Struktur und Verhalten von dem unseren sehr verschieden sind. Wir verfügen jeweils über reichhaltige äußere Indizien dafür, daß sie ein bewußtes inneres Leben besitzen, und dennoch nur über ganz eingeschränkte Anwendungsmöglichkeiten unserer eigenen psychologischen Begriffe – großenteils nur über ihre allgemeine Verwendungsweise –, um diese inneren Vorgänge zu beschreiben.[2]
Es ist der normale vorphilosophische Begriff eines Erlebnisses, der dieses Ergebnis veranlaßt. Wir haben ihn nicht einfach hinter uns gelassen, um mit dem bloßen *Wort* weiterzumachen. Und seine Erweiterung gehört nicht zu einer Privatsprache, sondern zu einer ganz natürlichen Vorstel-

2 Skeptiker sollten Herbert Spencer Jennings' großartiges Buch *The Behavior of Lower Organisms*, Bloomington 1976, lesen, das ursprünglich 1906 publiziert wurde.

lung der meisten Menschen von den Vorgängen, die sich in der Welt dort draußen abspielen. Ich glaube, wir haben uns damit abzufinden, daß all diese Wesen spezifische Erlebnisse haben, die nicht mit den Mitteln jener psychologischen Begriffe darzustellen sind, die wir in der ersten Person, subjektiv, verstehen könnten. Dies bedeutet nicht, daß wir nicht über diese Erlebnisse auf eine ganz allgemeine Weise nachzudenken vermögen – oder vielleicht auf eine etwas detailliertere Weise, die jedoch kein subjektives Verständnis einschließt –, vorausgesetzt, wir betrachten sie auch weiterhin als *subjektive Erlebnisse*, und nicht als bloße Verhaltensdispositionen oder als funktionale Zustände.

Mir scheint jedoch, daß wir im Prinzip noch weiter gehen können. Wir können die allgemeinen Begriffe des Bewußtseins und eines Erlebnisses heranziehen und über Formen bewußten Lebens spekulieren, deren äußere Anzeichen wir auf keinerlei zuversichtliche Weise identifizieren können. Vermutlich existiert im Universum Leben in zahlreichen uns fremden Formen, die wir vielleicht nur in einigen wenigen Fällen identifizieren könnten, da wir schlicht nicht in der Lage wären, die Manifestationen von Wesen, die uns hinreichend unähnlich sind, als Verhalten zu interpretieren. Wenn wir darüber spekulieren, ob es solche Wesen gibt und ob sie über Bewußtsein verfügen, so *bedeuten* unsere Überlegungen doch wohl immerhin etwas.
Diese Verwendungsweisen des allgemeinen Bewußtseinsbegriffes sind Beispiele eines theoretischen Schrittes, der auch anderswo nichts Ungewöhnliches ist. Wir haben die Fähigkeit, den Gedanken von Phänomenen zu denken, von welchen wir nicht wissen, wie wir sie *feststellen* können. Erst nachdem wir uns den Begriff eines neuen physikalischen Teilchens gebildet haben und ihn mittels einer gewissen Menge von Eigenschaften definieren, werden es diese Eigenschaften ermöglichen, uns experimentelle Situationen auszudenken, die es vielleicht erlauben, das Teilchen nachzuwei-

sen. In dieser Weise war man ja in der ständig fortschreitenden Physik schon seit langem dazu übergegangen, sich physikalische Begrifflichkeiten zu schaffen, die nur unter Zuhilfenahme raffinierter Beobachtungstechniken anwendbar waren – und nicht mit den Mitteln der gewöhnlichen Wahrnehmung oder des mechanischen Messens.

Nur ein dogmatischer Vertreter des Verifikationismus würde die Möglichkeit einer objektiven Begriffsbildung bestreiten, die über unser gegenwärtiges Vermögen ihrer Anwendung hinausgeht. Unser Ziel einer Weltauffassung, in der wir uns in keiner Weise in den Mittelpunkt stellen, erfordert jedenfalls die Bildung solcher Begriffe. In diesem Bemühen kommt uns ein gewisser intellektueller Optimismus zu Hilfe: die Überzeugung, daß wir die unbegrenzte Fähigkeit besitzen, auch das heute noch nicht Erdachte verstehen zu können, und daß wir diese Fähigkeit aktualisieren können, indem wir uns von unserem gegenwärtigen Verständnis ablösen und auf einer höheren Stufe nach einer darüber hinausgehenden Auffassung greifen, die unser ursprüngliches Verständnis als ein Produkt der Welt erklärt.

Ebenso verhält es sich mit dem Bewußtsein. Die allgemeine Idee einer Perspektive anzuerkennen, ohne sie auf Formen einzuschränken, mit welchen wir subjektiv oder anderweitig vertraut sind, ist die unerläßliche Bedingung dafür, Methoden zu finden, die es uns erlauben, spezifische Erlebnistypen zu denken, Methoden, die weder davon abhängig sind, daß wir diese Erlebnisse selbst *haben* können, noch von unserer Fähigkeit, sie uns mit den Mitteln der subjektiven Einbildungskraft *vorzustellen*. Es sollte beispielsweise möglich sein, auf eine solche Weise die qualitative Struktur eines Sinnes zu untersuchen, den wir nicht besitzen, indem wir Wesen beobachten, die ihn haben.

Sind wir jedoch hierzu in der Lage, dann sollten wir auch in der Lage sein, denselben allgemeinen Gedanken auf uns selbst anzuwenden und auch unsere eigenen Erlebnisse so zu analysieren, daß sie jemandem verständlich sind, der solche Erlebnisse selbst nicht gehabt hat. Dies würde einen gewissen objektiven Standpunkt in bezug auf unser eigenes Bewußtsein ausmachen. In dem Maße, in dem dies möglich wäre, würden wir unser Bewußtsein als etwas begreifen können, das nicht bloß ein Teil der menschlichen Welt ist – wozu wir bereits im Hinblick auf unseren Körper in der Lage sind. Und dies wäre einem natürlichen menschlichen Ziel dienlich, denn naturgemäß suchen wir ein allgemeines Verständnis der Realität, uns selbst eingeschlossen, das nicht von der Tatsache abhängt, daß wir kein anderes als dieses besondere Einzelwesen *sind.*

9. Auch dort, wo wir dieses Ziel mit der größten Aussicht auf Erfolg in Angriff nehmen, wird uns unvermeidlich immer etwas verlorengehen. Wenn wir Erlebnisse aus einer objektiven Perspektive zu verstehen versuchen, die nicht mit der Perspektive des jeweiligen Subjekts der Erfahrung zusammenfällt, so werden wir – wie sehr wir auch ihren perspektivischen Charakter anerkennen – die ganz spezifischen Qualitäten dieser Erlebnisse nur dann erfassen können, wenn wir die Fähigkeit haben, sie uns subjektiv vorzustellen. Wir werden auch dann nicht wissen können, welchen Geschmack Rührei für eine Küchenschabe eigentlich genau besitzt, wenn wir eine detaillierte objektive Phänomenologie des Geschmackssinnes von Küchenschaben ausarbeiten. Bei Werten, Zielen und Lebensformen wird die Kluft unter Umständen noch tiefer sein.
Aus diesem Grunde steht von vornherein fest, daß keine objektive Auffassung der psychischen Welt *alles* einschließen kann. Man könnte daher fragen, weshalb wir dann nach einer solchen Auffassung suchen. Es war unser Ziel, Perspektiven und ihre Inhalte in eine Welt zu integrieren, die von keinem bevorzugten Standpunkt aus gesehen wird. Es stellt sich heraus, daß einige Aspekte dieser Perspektiven von einer objektiven Auffassung des Psychischen nicht ver-

standen werden können. Im Hinblick auf diese Aspekte befinden wir uns also wieder in unserer Ausgangslage: wir müssen entweder sagen, daß sie nicht Teil der Wirklichkeit sind, oder, daß nicht alles Wirkliche zur objektiven Wirklichkeit gehört. Da die erste Möglichkeit offenkundig absurd ist, bleibt uns nur die zweite.

Doch wenn es ohnehin Aspekte der Wirklichkeit gibt, die keiner objektiven Auffassung zugänglich sind, warum geben wir es dann nicht einfach auf, so viel wie möglich von ihr objektiv zu begreifen? Die Welt *ist eben nicht* die Welt, wie sie sich einem bestimmten, in hohem Maße abstrakten Standpunkt erschließt. Und wenn wir es nicht zu vollständiger Objektivität bringen können, so ist es ein sinnloses und unmotiviertes Vorhaben, mit einem objektiven Netz so viel von der Wirklichkeit wie irgend möglich erbeuten zu wollen.

Ich glaube, hierauf gibt es eine Antwort, die überdies eine Antwort auf ein sehr allgemeines Problem ist, das diesem Sonderfall zugrunde liegt. Die Wirklichkeit ist nicht nur die objektive Wirklichkeit, und jede objektive Auffassung der Wirklichkeit muß ihre eigene Unvollständigkeit einräumen. Diese wichtige Einschränkung ist auch auf anderen Gebieten in bezug auf die Ansprüche der Objektivität in Kraft, und später werde ich zeigen, daß sie sich unmittelbar auf die Ethik anwenden läßt. Wir könnten aus einer neutralen Perspektive ein Verständnis von Werten auszuarbeiten versuchen, das so vollständig wie möglich wäre, und hätten dennoch immer die Existenz und die Legitimität besonderer Werte anzuerkennen, die auf eine neutrale Weise gar nicht verstanden werden können – ja wir hätten sogar die Existenz einiger Werte einzuräumen, die sich weder auf eine neutrale noch auf eine sympathetische Weise verstehen lassen.

Kehren wir jedoch zu dem Fall zurück, den wir im Augenblick erörtern: selbst *wenn* eine objektive Auffassung des Bewußtseins entwickelt werden würde, hätte sie immer die

Einschränkung zu enthalten, daß die spezifische Qualität einer jeden Erlebnisperspektive oder einer jeden intentionalen Perspektive, mit der sie es zu tun hat, nur von innen her oder mit den Mitteln der subjektiven Einbildungskraft zugänglich ist. Ein mit dem vollständigen Instrumentarium eines umfassenden Vorstellungsvermögens ausgestattetes Wesen könnte eine jede dieser Perspektiven verstehen, doch einem gewöhnlichen Wesen, das mit einer objektiven Auffassungsweise des Psychischen zu leben hat, wird dies nicht möglich sein. Hiermit geben wir also den Gedanken von einer Welt, wie sie in Wirklichkeit – und unabhängig von ihrer Erscheinungsweise für uns oder irgendeinen anderen ihrer Bewohner – an sich beschaffen ist, gerade nicht preis. Wir geben nur die Vorstellung auf, daß diese Welt mit dem Gegenstand eines *objektiven* Verstehens zusammenfällt. Die Welt, wie sie ist, enthält auch Erscheinungen, und es gibt keine privilegierte Perspektive, aus welcher diese Erscheinungen insgesamt vollständig erfaßt werden könnten.

Diese These läuft auf die Negation des Idealismus in bezug auf das Bewußtsein hinaus. Die Welt ist weder meine Welt, noch ist sie unsere Welt – noch nicht einmal auf die psychische Welt trifft so etwas zu. Wir verwerfen hier den Idealismus auf eine besonders unzweideutige Weise, denn wir behaupten die Wirklichkeit von Aspekten der Welt, die von *keiner* Auffassung, über die ich verfügen könnte, begriffen werden könnten – noch nicht einmal von jener objektiven Auffassung, mit welcher wir über den Bereich der ursprünglichen Erscheinungen hinausgreifen. Hier zeigt sich, daß der Materialismus letzten Endes auf einer Form des Idealismus gründet: auf dem Idealismus der Objektivität. Die Objektivität ist nicht die Wirklichkeit. Sie ist nur *eine* Möglichkeit, die Wirklichkeit zu verstehen. Doch obgleich jedes objektive Verständnis immer nur partiell sein kann, ist der Versuch seiner Erweiterung aus einem einfachen Grunde dennoch sinnvoll:

Die Suche nach einem objektiven Verständnis der Wirklichkeit bleibt unsere einzige Möglichkeit, unsere Erkenntnis dessen, was es gibt, über den Bereich seiner Erscheinungsformen *für uns* hinaus auszudehnen. Auch wenn wir die Realität vieler Dinge einzuräumen haben, die sich nicht objektiv verstehen lassen, und die nichteliminierbare Subjektivität mancher Aspekte unserer eigenen Erfahrung anerkennen müssen, die *nur* subjektiv zugänglich sind, bleibt die Suche nach einer objektiven Konzeption des Bewußtseins einfach ein wesentlicher Teil des allgemeinen Strebens nach Erkenntnis. Würden wir es aufgeben, weil es notwendig unvollständig ist, so wäre dies, als würden wir auf eine Axiomatisierung der Mathematik verzichten, weil sie nicht vollständig sein kann.

10. Ich möchte an dieser Stelle geringfügig das Thema wechseln und vom allgemeinen Begriff des Bewußtseins zum individuellen Begriff des *Ich* übergehen.[3]

Selbst *wenn* wir das liberale realistische Weltbild anerkennen, das ich entworfen habe, und die Welt als einen Ort verstehen, der uns Menschen mit allen unseren Perspektiven ebenso enthält wie alle anderen Wesen mit sämtlichen ihrer Perspektiven, so gibt es immer noch etwas, das problematisch bleibt. Jeder wird für sich selbst bei der Betrachtung dieser zentrumlosen Welt zugestehen müssen, daß eine der Personen, die in ihr vorkommen, kein anderer ist als sie oder er *selbst*. Um was für eine *Tatsache* handelt es sich hierbei? Was für eine Tatsache ist es beispielsweise, daß ich Thomas Nagel bin? Es handelt sich offenbar um eine Tatsache, die ich immer dann erkenne, wenn ich von

3 Eine vollständigere Erörterung dieses Problems findet man in meinem Aufsatz »The Objective Self«, in: Carl Ginet / Sydney Shoemaker (Hrsg.), *Knowledge and Mind*, Oxford 1983 (dt.: »Das Objektive Selbst«, übers. von Thomas Nenon, in: *Identität der Person, Aufsätze aus der nordamerikanischen Gegenwartsphilosophie*, hrsg. von Ludwig Siep, Basel/Stuttgart 1983).

meiner gegenwärtigen Perspektive absehe und einen objektiveren Überblick anstrebe, der diese Person enthält. Doch die Tatsache, daß *ich* Thomas Nagel bin, paßt sich nicht ganz so einfach in eine Betrachtungsweise der Welt ein, die aus keiner bevorzugten Perspektive in ihr erfolgt und die durch diese Distanzierung erzeugt werden soll. Wie kann es in einer solchen unpersönlich beschriebenen Welt einen Platz für die zusätzliche Tatsache geben, daß TN kein anderer ist als *ich* selbst – daß er der Ort *meines* Bewußtseins ist?

Ich bin kein Solipsist. Ich glaube nicht, daß der Standpunkt, von welchem aus ich die Welt sehe, *die* Perspektive der Realität ist. Die Welt wird aus vielen Perspektiven gesehen, unter anderem auch aus dieser; es gibt in ihr zahllose Subjekte des Bewußtseins, und eine angemessene zentrumlose Auffassung der Welt muß sie alle einschließen. Und wenn die *Welt* wirklich keine bevorzugte Perspektive hat, dann kann es keine nichteliminierbaren Tatsachen der ersten Person geben. Auf der anderen Seite kann nichts klarer sein, als daß ich TN *bin*, und dies sieht doch wohl wie eine Tatsache der ersten Person aus, wenn es überhaupt jemals eine solche Tatsache gegeben hat. Ich scheine also eine Tatsache bezüglich der Welt in den Händen zu halten, die einerseits existieren muß (denn der Stand der Dinge wäre ohne sie unvollständig), andererseits aber nicht existieren kann (denn der Stand der Dinge kann sie nicht miteinschließen).

Eine vollständige Diskussion dieses Problems hätte sich mit dem Einwand zu befassen, daß es sich hierbei um ein Pseudoproblem handelt, das auf ein Mißverständnis der Logik von Indikatoren oder Demonstrativa zurückgeht. Ich glaube, man kann zeigen, daß dieser Einwand verfehlt ist. Doch statt den Nachweis hier in Angriff zu nehmen, möchte ich lieber eine Lösung für dieses Problem vorschlagen. Jedes Problem, das eine Lösung hat, muß auch ein echtes Problem sein.

Der philosophische Gedanke, daß ich TN *bin*, hat einen ganz anderen Inhalt als das, was ich mitteile, wenn ich mich Ihnen mit den Worten »Ich bin TN« *vorstelle*. Allerdings handelt es sich um einen Inhalt, der durchaus in einer zentrumlosen Auffassung der Welt vorkommen kann. Für jeden einzelnen von Ihnen läßt sich eine ähnliche Tatsache ausmachen, die der Gegenstand Ihres Gedankens ist, daß Sie das besondere menschliche Einzelwesen sind, das Sie faktisch sind. Ich werde jedoch in der ersten Person sprechen, im cartesianischen Stil, der von anderen so verstanden werden soll, daß es jeweils in der ersten Person auch für sie gilt.

Wenn ich denke, daß ich TN bin, so denke ich, daß das eigentliche Ich die Welt aus der Perspektive von TN betrachtet: es hält TN sozusagen *besetzt*. Anders ausgedrückt: die intersubjektiv identifizierbare Person TN *enthält* das eigentliche Ich. Doch was ist das ›wahre oder eigentliche‹ Ich? Warum ist das eigentliche Ich nicht schlicht und einfach TN?

So seltsam es sich auch anhören mag, ich halte es für außerordentlich problematisch, daß ich TN sein soll, und ich glaube, wir gelangen zum Kern des Problems, wenn es uns gelingt zu verstehen, was daran problematisch ist.

Eigentlich hat die Frage »Wie kann ich TN sein?« zwei Aspekte, die den beiden Richtungen entsprechen, aus welchen man sie stellen kann. Bisher diskutierte ich die Frage »Was für eine Tatsache ist es, daß die spezifische Person TN kein anderer ist als *ich*?«. Doch es gibt noch die andere Frage »Wie kann *ich* die spezifische Person TN – oder überhaupt irgendein anderes Einzelwesen – *sein*? Wie kann *ich* überhaupt *jemand* sein?« Die wirklich grundlegende Fragestellung wird von dieser zweiten Frage aufgeworfen.

Denken Sie sich die Welt als ein Ganzes und die intersubjektiv beobachtbare Person, die Sie sind, als einen ihrer Bestandteile, und fragen Sie sich dann: »Wie kann ich etwas so *Spezifisches* sein wie dies; wie kann ich *lediglich* eine besondere Person sein?« Dies ist eine andere Frage als die Ausgangsfrage: »Was macht diese Person zu *mir*?« Nun wird nämlich problematisch, wie ich *überhaupt* etwas so Besonderes wie eine Einzelperson in der Welt – *irgendeine* Person – sein kann.

Das Problematische daran ist, daß meine Verbindung mit TN als *kontingent* erscheint. Denke ich die Welt als eine Ganzheit, und als etwas, das (aus keiner spezifischen Perspektive gesehen) einfach da ist und unabhängig von jeder solchen Perspektive existiert, so ist TN lediglich eine Person unter zahllosen anderen. Zwar ist seine Spezies auf der Erde die dominante Spezies, doch dieses Faktum fällt bei einem astronomischen Maßstab nicht mehr ins Gewicht. Wie kann ich, der das gesamte zentrumlose Universum denkt, etwas so Besonderes sein wie *dies* da: dieses Einzelwesen im Universum, das in einem winzigen Stückchen Raum und Zeit mit einer festgelegten und keineswegs universellen psychischen und physischen Konstitution existiert?

Ich glaube, daß die Lösung beider Probleme die gleiche ist. Die Probleme lauten: (1) Was für eine Tatsache ist es, daß TN kein anderer ist als *ich*? (2) Wie kann *ich* etwas so Spezifisches sein wie TN? Die Lösung stellt sich ein, wenn wir das ›*Ich*‹ in diesen beiden Gedanken mit einem objektiven Selbst identifizieren, das jeder von uns in sich enthält, und das eine unbegrenzte Fähigkeit besitzt, vom Standpunkt der Person, welche ich bin, abzusehen und sich eine neue Auffassung der Welt zu bilden, in die es diese Person und ihre Zustände integriert.

Es ergibt sich das folgende Bild: Meinem *Wesen* nach bin ich ein Subjekt, das eine *zentrumlose* Welt auffaßt. Ich habe meinem Wesen nach keine besondere Perspektive. Kontingenterweise betrachte ich die Welt im Normalfall aus einem spezifischen Blickwinkel und verwende die Augen, die Person und das Alltagsleben von TN als eine Art Fenster. Doch die Erlebnisse und die Perspektive von TN, die mir unmittelbar gegeben sind, sind für die Perspektive des eigentlichen

Selbst nicht *notwendig*. Das eigentliche Selbst erfaßt die Welt aus keiner spezifischen Perspektive, vielmehr schließt es TN und seine Perspektive als *Inhalte* dieser Welt in seine Weltauffassung mit ein.

Wie abstrahiere ich mein eigentliches Ich von dieser *Person*? Indem ich die Erlebnisse dieser Person, die von ihrer Besonderheit abhängen, als Daten betrachte. Ich integriere die Person in die Welt als ein Ding, das mit den übrigen Teilen der Welt zusammenwirkt, und frage mich dann, wie die Welt *von nirgends her* aussehen muß, um dieser Person so zu erscheinen, wie sie ihr aus ihrer Perspektive erscheint. (Die gleiche Überlegung, die ich eben über diese Person angestellt habe, kann ich über jede beliebige andere Person anstellen.) Obgleich ich meine Information über ihre Perspektive direkt und unmittelbar erhalte, versuche ich sie zum Zwecke meiner Konstruktion eines realistischen und partiell objektiven Weltbildes genauso zu behandeln, wie ich es tun würde, käme mir die Information auf indirekte Weise zu.

Denke ich also den philosophischen Gedanken, *daß ich TN bin*, so erkenne ich die folgende *Tatsache*: das besondere objektive Ich, welches das Subjekt dieser zentrumlosen Auffassung der Welt ist, in der TN vorkommt – dieses Ich betrachtet die Welt *zusätzlich* aus einer *Innen*perspektive durch die Erlebnisse der Person TN. Und wenn es mir philosophisch problematisch zu sein scheint, inwiefern ich *lediglich* die Person TN sein kann, so liegt dies daran, daß ich mich selbst als das objektive Ich denke, das TN besetzt hält. Das Paradoxe daran verschwindet, da sich nun herausstellt, daß TN – wie jeder andere von Ihnen – *nicht nur* ein besonderes Einzelwesen mit einer hochspezifischen Perspektive auf die Welt ist, deren Charakter von seiner Stellung in der Welt abhängt. Jedes menschliche Wesen enthält zusätzlich ein ganz andersartiges Subjekt, welches weitgehend unterentwickelt und unerforscht ist und welches das

Potential zu einer unbegrenzten zusätzlichen Weltauffassung hat, die unpersönlich und objektiv sein würde. Die ›zusätzliche Tatsache‹, daß ich TN bin, ist die Tatsache, daß diese unpersönliche Weltauffassung sich selbst zu vervollständigen vermag, indem sie das Subjekt, das sich diese Auffassung bildet, an einer bestimmten Stelle innerhalb der Welt lokalisiert, die von dieser Auffassung erfaßt wird. Die unpersönliche Weltauffassung ist hierdurch an die Perspektive von TN gebunden und entwickelt sich von dieser Perspektive aus.
Da es sich bei dieser Tatsache nicht um eine irreduzible Tatsache der ersten Person handelt, kann sie in der wirklichen Welt enthalten sein.

11. Ich möchte diese Vorlesung damit beschließen, daß ich etwas über die allgemeineren Implikationen dieser Bemerkungen sage, die sich im besonderen mit der philosophischen Psychologie befaßt haben. Als ich zu erklären versuchte, wie sich das Bewußtsein als in einer schlicht vorhandenen wirklichen Welt enthalten denken läßt, unterschied ich zwischen der Wirklichkeit und der objektiven Wirklichkeit sowie zwischen der Objektivität und bestimmten Objektivitätsauffassungen. Die physikalische Auffassung der Objektivität ist ein unangemessenes Instrument der Erweiterung unseres Verständnisses des Psychischen; und selbst jene Objektivität, die diesem Zweck angemessen ist, wird uns keine vollständige Vorstellung aller unterschiedlichen und inkompatiblen psychischen Perspektiven gewähren. Das sich hieraus ergebende allgemeine Prinzip, das auch im Bereich der Ethik Gültigkeit hat, lautet also: man sollte immer nur *die* Form der Objektivität anstreben, die dem zu verstehenden Gegenstand angemessen ist, und darauf vorbereitet sein, daß womöglich auch die richtige Form der Objektivität den Gegenstand nicht vollständig erschöpft.
Das Problem der Vermittlung subjektiver und objektiver

Auffassungsweisen der Welt läßt sich aus jeder der beiden Richtungen in Angriff nehmen. Beginnen wir mit der subjektiven Seite, so erhalten wir die traditionellen Probleme des Skeptizismus, des Idealismus und des Solipsismus. Wie kann ich im Ausgang von meiner persönlichen Erlebnisperspektive eine Auffassung von der Welt besitzen, wie sie unabhängig von meiner Wahrnehmungsform beschaffen ist? Und woher kann ich wissen, daß diese Auffassung die richtige ist? (Diese Frage läßt sich auch aus dem Gesichtspunkt der kollektiven menschlichen Perspektive stellen, also nicht bloß aus der Perspektive eines einzelnen Individuums.) Gehen wir andererseits von der objektiven Seite aus, so ist problematisch, wie wir die folgenden Dinge in einer Welt unterbringen können sollen, die als einfach vorhanden existiert und keine der Perspektiven zu ihrem Mittelpunkt hat: (a) uns selbst; (b) unsere Eigenperspektive; (c) die Perspektive anderer – ähnlicher oder nicht ähnlicher – Subjekte; und (d) die Gegenstände der unterschiedlichen Urteilsformen, die von diesen Perspektiven herzurühren scheinen.

Mich selbst interessiert vor allem diese zweite Variante der Problematik. Sie ist die Umkehrung des Skeptizismus, da sie die objektive Wirklichkeit als gegeben voraussetzt und im Gegensatz zu ihr die subjektive Wirklichkeit zum Problem wird. Dieser Ansatz hat sich, ohne daß man sich darüber wirklich im klaren war, in der neueren analytischen Philosophie als sehr einflußreich erwiesen. Er verträgt sich bestens mit einer Vorliebe für die Physik als einem Paradigma unserer Erkenntnis.

Doch sobald wir unter dem Druck des *Realismus* zugeben, daß es Dinge gibt, die nicht auf diese Weise verstanden werden können, müssen wir nach anderen Möglichkeiten ihres Verständnisses suchen. Eine Möglichkeit ist die Erweiterung unserer Objektivitätsauffassung. Bestehen wir jedoch in jedem Fall darauf, daß die objektivste und distanzierteste Erklärung eines Phänomens die richtige zu sein hat, so gelangen wir mit großer Wahrscheinlichkeit wieder zu reduktionistischen Ergebnissen. In der philosophischen Psychologie und, wie ich zu zeigen hoffe, in der Ethik gelangen wir zur Wahrheit gelegentlich nicht dadurch, daß wir uns so weit wie möglich von unserer persönlichen Perspektive entfernen.

Zweite Vorlesung

Werte

1. Ob Werte objektiv sein können, hängt davon ab, ob es uns gelingt, eine Interpretation der Objektivität auszumachen, die es ermöglicht, unsere Erkenntnis dessen, was wir tun sollen, was wir wollen sollen, und was uns Gründe für oder gegen unser Handeln gibt, zu erweitern. In der ersten Vorlesung sagte ich, daß die physikalische Auffassung der Objektivität nicht in der Lage ist, das Bewußtsein zu verstehen, daß es jedoch eine andersartige Auffassung gibt, die ein externes Verständnis zumindest einiger *Aspekte* psychischer Phänomene ermöglicht. Will man die Objektivität von Werten verstehen, so benötigt man nun nochmals eine andere Konzeption, denn Werte sind weder etwas Psychisches noch etwas Physikalisches, und selbst wenn wir eine solche Auffassung ausfindig machen, sollten wir einen sehr vorsichtigen Gebrauch von ihr machen. Nicht alle Werte werden sich – ganz gleich in welchem Sinne von »objektiv« – als objektiv erweisen.

Es sei von vornherein betont, daß meine Ausführungen über Werte und Gründe in dieser Vorlesung sehr allgemein sein werden. Ich werde mich überwiegend mit der Frage befassen, was bestimmt, ob eine Sache einen Wert hat und ob jemand über einen Grund verfügt, etwas zu tun oder zu wollen, und mich nicht darüber äußern, wie wir von der Frage, welche Werte und Gründe es gibt, zu einer Entscheidung darüber gelangen, was *getan* werden sollte. Eben dieses Ziel ist es natürlich, das Gründe für uns so wichtig macht, doch ich ziehe es vor, hier einfach einmal davon auszugehen, daß Werte oft die Grundlage solcher Schlüsse sind, und noch nicht einmal eine skizzenhafte Beschreibung der gesamten Dynamik anzustreben, in der die praktische Rationalität besteht. Es geht mir gegenwärtig einzig um die allgemeine Frage, ob Werte überhaupt ein objektives Fundament besitzen.

Im allgemeinen wird die Objektivität, wie ich das letzte Mal sagte, dadurch erweitert, daß wir uns distanzieren, uns von unserer früheren Perspektive auf einen Gegenstand lossagen, und zu einer neuen Auffassung des Ganzen gelangen, indem wir uns selbst und unseren früheren Gesichtspunkt in das zu Verstehende mitaufnehmen.

Im Bereich des theoretischen Denkens vollzieht sich dies durch den Entwurf einer neuen Auffassung der Wirklichkeit, die uns selbst als Elemente dieser Wirklichkeit in sich begreift. Dieser Vorgang schließt eine Veränderung oder zumindest eine Erweiterung dessen ein, was wir glauben. Von unserer kreativen Fähigkeit, uns objektive Vorstellungen zu bilden, die wir in Anspruch nehmen, wenn wir uns selbst der Welt hinzufügen – um dann wieder neu anzusetzen –, wird es abhängen, ob unser Bemühen um eine solche Distanzierung unser Verständnis auch wirklich erweitert.

Auf dem Gebiet der Werte und der praktischen Überlegung ist das Problem etwas anders gelagert. Wie im theoretischen Fall haben wir hier einen neuen, umfassenderen Standpunkt einzunehmen, nachdem wir uns distanziert und die vorangegangene Perspektive in das zu Verstehende integriert haben. Doch nun ergibt der neue Standpunkt gerade *kein* neues deskriptives System von *Überzeugungen* (*beliefs*), sondern ein neues oder erweitertes normatives System von *Werten*. Wenn Objektivität hier überhaupt etwas bedeutet, so bedeutet sie, daß wir, wenn wir uns von unserer individuellen Perspektive und von den Werten und Gründen lossagen, die innerhalb dieser Perspektive akzeptabel zu sein scheinen, oft zu einer neuen Auffassung gelangen können, die einige der ursprünglichen Gründe bestätigt, andere dagegen als falschen subjektiven Schein zurückweist und neue Gründe hinzufügt. Das ist es, was man gewöhnlich mit einer objek-

tiven, interesselosen Auffassung einer praktischen Frage meint.
Der grundlegende Schritt, uns selbst und unsere Einstellungen in die zu denkende Welt zu integrieren, ist bekannt, doch die Form des Ergebnisses – ein neues System von Werten, Gründen und Motiven – ist hier eine andere. Wollen wir ermitteln, ob es objektive Werte gibt, so müssen wir den Versuch machen, zu *normativen* Urteilen zu gelangen, zu Urteilen, die ein *motivierendes* Moment beinhalten, und zwar aus einer unpersönlichen Perspektive: von einem Standpunkt außerhalb unseres eigenen Lebens. Ein *nichtnormatives* Kriterium der Objektivität ist hier nicht brauchbar, denn auch *wenn* es objektive Werte tatsächlich geben sollte, hat es sich bei einem objektiven Wert allemal um einen *Wert* zu handeln und nicht um irgendein anderes objektives Etwas.

2. Es gibt eine Vielzahl unterschiedlicher Meinungen darüber, ob sich die Dinge, die zu tun oder zu wollen wir durch Gründe bestimmt sind, von einem distanzierten Standpunkt uns selbst und der Welt gegenüber angeben lassen. Sie umfassen das gesamte Spektrum und reichen von der Auffassung, daß die Objektivität auf diesem Gebiet ausschließlich als eine von den theoretischen und tatsachenrelevanten Elementen ererbte Objektivität wirksam ist, und zwar von jenen theoretischen Elementen, die eben auch beim praktischen Denken am Werk sind, bis hin zu der Auffassung, die Objektivität sei hier zwar möglich, sie gelange jedoch zu einem nihilistischen Ergebnis: nichts ist objektiv recht oder unrecht, da, wenn wir es *objektiv* betrachten, alles gleichgültig ist. Dazwischen gibt es zahlreiche positive objektivierende Auffassungen, die aus einer distanzierten Perspektive unterschiedliche wohlbestimmte Ergebnisse zu gewinnen behaupten. Jede dieser Positionen wird von den Vertretern der entgegengesetzten Auffassung entweder mit dem Argu-

ment angegriffen, sie versuche allzu vieles in ein einzelnes objektives System hineinzuzwingen, oder mit dem Argument, sie respektiere die unterschiedlichen subjektiven Standpunkte zu stark oder zu wenig.

Hier wie anderswo besteht ein unmittelbarer Zusammenhang zwischen dem Ziel der Objektivität und der Überzeugung des *Realismus.* Zur grundlegenden Idee der praktischen Objektivität gelangen wir durch ein Analogon zur Negation des Solipsismus im Bereich der theoretischen Vernunft. Wie uns unser Tatsachenrealismus nach einem distanzierten Standpunkt suchen läßt, von welchem aus wir die Realität zu bestimmen und die Erscheinungen zu berichtigen vermögen, so läßt uns unser Werterealismus nach einem distanzierten Standpunkt suchen, von welchem aus es möglich wird, unsere Neigungen zu berichtigen und zu bestimmen, was wir wirklich tun und wollen sollen. Praktische Objektivität besagt hier, daß die praktische Vernunft von einem objektiven Selbst verstanden und sogar vollzogen werden kann.

Diese sehr weitgehende Annahme ergibt noch keine ethische Position. Sie ist nur eine Ortsbestimmung einer ethischen Position, sollten wir mit einer solchen einen Sinn verbinden können. Sie besagt, daß es die Welt der Gründe, auch meiner eigenen Gründe, nicht allein von meinem eigenen Standpunkt aus gibt. Ich existiere als ein Bestandteil einer Welt, deren Charakter bis zu einem gewissen Grad unabhängig davon ist, was ich denke; und wenn *ich* für mein Handeln Gründe habe, so deshalb, weil *die Person, die ich bin*, kraft ihrer inneren Verfassung und der vorgegebenen Umstände über diese Gründe verfügt. Hier wie anderswo ist die Objektivität eine Verständigungsart, die sich nicht notwendigerweise auf die gesamte Wirklichkeit übertragen läßt. Doch es ist vernunftgemäß, ein solches Verständnis zumindest tentativ für einen möglichst großen Bereich erzielen zu wollen.

3. Es bleibt sicherlich wichtig, nicht die Gefahr einer verfehlten Objektivierung aus dem Blick zu verlieren, die persönliche Vorlieben und Vorurteile allzu leichtfertig in den Rang kosmischer Werte erhebt. Doch zumindest ist es ein natürlicher Ausgangspunkt, nach einer objektiven Auffassung der Gründe zu suchen, die sich uns aus unserer je eigenen Perspektive ergeben.

Es ist ein Faktum, daß sich Gründe – wie die Erscheinungen unserer Wahrnehmung – von Anfang an mit einem gewissen Objektivitätsanspruch darbieten. Wenn zwei Gegenstände für mich gleich groß aussehen, so sieht es zumindest anfänglich so aus, als ob sie gleich groß *sind*. Und wenn ich Aspirin einnehmen will, um meine Kopfschmerzen loszuwerden, so glaube ich zumindest anfänglich, daß dies für mich ein Grund *ist*, Aspirin einzunehmen, daß sich dieser Grund aus der Außenperspektive als ein Grund erkennen läßt, daß ich einen Fehler machen würde, wenn ich diesen Grund nicht in mein Handeln einbeziehen würde, und daß andere dies erkennen können.

Der normale Vorgang der praktischen Überlegung, die ermitteln soll, für welches Handeln ich Gründe habe, geht davon aus, daß die Frage eine Antwort hat, und insbesondere in schwierigen Fällen geht mit dieser Überlegung oft die Meinung einher, daß ich die Antwort womöglich nicht *finden* werde. Ich setze nicht voraus, daß die richtige Antwort schlicht und einfach mit etwas – was auch immer – identisch sein wird, das in der Vergangenheit oder in der Zukunft das Ergebnis der widerspruchsfreien Anwendung gewisser Methoden der Überlegung gewesen ist oder sein wird – noch nicht einmal dann, wenn ich von einer vollständigen Kenntnis der Tatsachen ausgehen könnte. In der Überlegung versuchen wir zu Ergebnissen zu gelangen, die sich aufgrund von etwas *Unabhängigem* als die richtigen Ergebnisse erweisen, also gerade nicht bloß aufgrund des Umstandes, daß wir zu ihnen gelangen. Gelangen wir zu einer Schlußfolgerung, so sind wir davon überzeugt, daß sie auch dann richtig gewesen wäre, wenn wir *nicht* zu ihr gelangt *wären*. Und ebenso können wir einräumen, daß wir uns *irren* könnten, daß der Vorgang der Überlegung also niemals die Richtigkeit seines eigenen Resultats verbürgt. Grundlage des Strebens nach einer objektiven Auffassung praktischer Gründe sind also die realistischen Ansprüche des gewöhnlichen praktischen Denkens. Im Einklang mit unseren vortheoretischen Urteilen machen wir uns demnach die Arbeitshypothese zu eigen, daß es Gründe *gibt* und daß diese *Gründe* von unseren tatsächlichen *Motiven* auch dann abweichen könnten, wenn wir von Bedingungen der vollständigen Information über die Tatsachen ausgehen könnten – wie ja auch die Wirklichkeit von den Erscheinungen abweichen kann –, und wir fragen uns dann, welche Formen diese Gründe annehmen können. Über die allgemeine Frage des Realismus werde ich später mehr sagen, denn zunächst möchte ich mich auf die Denkprozesse konzentrieren, durch die wir – gegen einen realistischen Hintergrund – zu objektiven Ergebnissen im Hinblick auf die Gründe für unser Handeln zu gelangen versuchen. Oder anders gefragt: *Wenn es Werte wirklich gibt*, wie ist dann eine objektive Erkenntnis dieser Werte möglich?

Bei einer solchen Untersuchung räumen wir keiner besonderen Hypothese einen bevorzugten Stellenwert ein, und es ist sicher, daß wir manche unserer Ausgangshypothesen im Zuge der Untersuchung aufgeben werden. Doch eine Bedingung, die Gründe zu erfüllen haben, legt sich ganz offensichtlich von Anfang an nahe: die Bedingung der Allgemeinheit. Diese Bedingung besagt, daß sich, wenn etwas für ein besonderes Individuum ein Grund ist, so oder so zu handeln, für diesen Grund dann auch eine allgemeine Form finden läßt, die für jedermann gelten kann, der sich in einer vergleichbaren Situation befände. Was als eine vergleichbare Situation oder als ein

Ensemble vergleichbarer Umstände gilt, hängt von der allgemeinen Form dieses Grundes ab. Diese Bedingung ist nicht tautologisch, sondern es handelt sich bei ihr um eine sehr starke Bedingung, die durchaus falsch sein oder nur auf einige Arten von Gründen zutreffen könnte. Doch die Suche nach Allgemeinheit ist ein natürlicher Ausgangspunkt.

4. Es gibt unterschiedliche Formen der Allgemeinheit, und wir dürfen nicht unterstellen, daß jeder Grund oder jeder Wert genau eine dieser Formen annimmt. Ich bin sogar davon überzeugt, daß sich einige Grundprobleme der zeitgenössischen Moralphilosophie geradezu durch die Frage definieren lassen, welche Allgemeinheitsform jeweils die angemessene ist.

Eine der Hinsichten, worin sich Gründe voneinander unterscheiden können, ist ihr *Umfang*. Ein allgemeiner Grundsatz kann für jedermann gelten und doch seinem Inhalt nach sehr spezifisch sein. Es ist eine offene Frage, inwieweit sich eingeschränktere Prinzipien praktischer Gründe (Lüge nicht! Entfalte Deine Begabungen!) unter Grundsätze subsumieren lassen, die einen weiteren Umfang haben (Schädige nicht andere! Erwäge Deine langfristigen Interessen!), oder letztlich sogar unter einen einzigen Grundsatz weitestmöglichen Umfangs, aus dem alle übrigen Grundsätze hervorgehen. Gründe könnten mit anderen Worten allgemein sein und doch kein einheitliches System bilden, das jederzeit ein Verfahren an die Hand gäbe, mit dem wir zu einem bestimmten Ergebnis hinsichtlich dessen gelangen können, was wir tun sollen.

Eine zweite Hinsicht, worin sich Gründe voneinander unterscheiden, ist ihre *Relativität*, das heißt hier, die Art ihrer Beziehung *zur handelnden Person*, für die sie Gründe sind. Die Unterscheidung von Gründen, die relativ auf den Handelnden bezogen sind, und Gründen, für die dies nicht gilt, ist von größter Wichtigkeit. In Anlehnung an Derek

Parfit werde ich diesen Unterschied mit Hilfe der Ausdrücke »relativ« und »neutral« kennzeichnen.* (In früheren Schriften habe ich mich hierfür der Rede von »subjektiven« und »objektiven« Gründen bedient, doch von nun an benötige ich diese Prädikate für andere Zwecke.)

Läßt sich für einen Grund eine allgemeine Form finden, die keine wesentliche Bezugnahme auf die Person einschließt, für die er gilt, so haben wir es mit einem *neutralen* Grund zu tun. Ist beispielsweise der Umstand, daß etwas das Ausmaß des Elends in der Welt vermindern würde, für *alle* ein Grund, etwas zu tun oder zu wollen, dann handelt es sich hierbei um einen neutralen Grund.

Schließt die allgemeine Form eines Grundes andererseits eine *wesentliche* Bezugnahme auf die Person ein, für die er ein Grund ist, so haben wir es mit einem *relativen* Grund zu tun. Gibt etwa der Umstand, daß es in *ihrem eigenen* Interesse wäre, jeder besonderen Person für sie selbst einen Grund, etwas zu tun oder zu wollen, so handelt es sich bei diesem Grund um einen relativen Grund. Wäre in einem solchen Fall etwas beispielsweise in Mr. Goldfingers Interesse, das nicht im Interesse Mr. Bonds wäre, so hätte Goldfinger Grund zu wollen, daß es geschieht, während 007 den *gleichen* Grund hätte zu wollen, daß es *nicht* geschieht. (Sowohl relative als auch neutrale Gründe sind auch objektiv, da sich beide von einem Standpunkt aus verstehen lassen, der außerhalb der Perspektive des Individuums liegt, das diese Gründe hat.)

* In *The Possibility of Altruism*, Nachdr. Princeton 1978, spricht der Autor noch von »subjektiven« und »objektiven« Gründen, während er sich nun der Terminologie Derek Parfits anschließen möchte; vgl. Parfits wichtiges Buch *Reasons and Persons*, Oxford 1984, S. 143. Parfits umständliche Terminologie der *agent-relative* bzw. *agent-neutral reasons* soll hier jedoch der Einfachheit halber abgekürzt werden: Im Anschluß an Nagels eigene Praxis in seinem Buch *Der Blick von Nirgendwo*, übers. von Michael Gebauer, Frankfurt a. M. [ersch. 1992], Kap. 8, Anm. 11, übersetzen wir sie einheitlich durch die Rede von *relativen* und *neutralen* Gründen. Die ihnen entsprechenden Werte könnte man sich als »persönliche« und »unpersönliche« Werte denken. [Anm. des Hrsg.]

Ein drittes Unterscheidungsmerkmal von Gründen ergibt sich aus dem Grad ihrer *Externalität*: ihrer Unabhängigkeit von den Interessen sinnlicher Wesen. Der überwiegende Teil der vermeintlichen Gründe, die sich uns ursprünglich darbieten, hängt eng mit Interessen und Wünschen zusammen, seien es unsere eigenen oder die anderer, und oft mit Erlebnissen, die diese Wünsche erfüllen. Es ist jedoch denkbar, daß einige dieser Interessen Indizien dafür sind, daß ihre Gegenstände auch unabhängig von der Befriedigung, die jemand von ihnen herleiten kann, oder von dem Umstand, daß jemand sie will, an sich einen Eigenwert haben – einen Wert, der sogar unabhängig von der Existenz der Wesen ist, die an ihnen ein Interesse nehmen können. Unter einem *internen* Grund werde ich einen Grund verstehen, der von der Existenz eines Interesses oder eines Wunsches bei jemandem abhängt, wohingegen ein *externer* Grund ein Grund wäre, für den das nicht gilt. Es war Platon, der von der Existenz externer Gründe ausging, sowie in neuerer Zeit G. E. Moore, der sogar glaubte, ästhetische Werte seien Anwärter auf eine solche Externalität.

Diese drei Unterscheidungsmerkmale überschneiden sich. In formaler Hinsicht kann ein Grund seinem Umfang nach eingeschränkt sein, sowie extern und relativ (Iß kein Schweinefleisch! Halte Deine Versprechen!), oder seinem Umfang nach weit sowie intern und neutral (Fördere Glück als solches!) oder intern und relativ (Vermehre Dein eigenes Glück!). Möglicherweise gibt es noch andere wichtige Dimensionen von Unterschieden, doch ich möchte mich hier auf die genannten Merkmale konzentrieren, da sie im wesentlichen die Meinungsverschiedenheiten darüber strukturieren, was die Ethik überhaupt ist. Gründe und Werte, die sich mit diesen begrifflichen Mitteln beschreiben lassen, bilden das Rohmaterial objektiver Urteile. Betrachtet man das menschliche Handeln und seine Bedingungen aus der Außenperspektive und fragt man sich dann, ob gewisse normative Grundsätze überhaupt Plausibilität beanspruchen können, so werden diese Grundsätze eine der genannten Formen annehmen.

Die wirkliche *Akzeptanz* eines allgemeinen normativen Urteils wird Implikationen für unsere *Motivation* haben, denn sie wird uns unter bestimmten Umständen darauf festlegen, Gründe dafür anzuerkennen, gewisse Dinge *selbst* zu wollen und zu tun.

Besonders klar wird dies dann, wenn das objektive Urteil besagt, daß etwas einen *neutralen* Wert hat. Das bedeutet, daß *jeder* einen Grund hat, einen Weltzustand zu wollen, in dem es geschieht – *und hierunter fällt auch jemand, der die Welt aus der Außenperspektive erwägt und sich von der spezifischen Perspektive einer jeden besonderen Einzelperson innerhalb der Welt distanziert*. Ein solches Urteil hat auch dann einen motivierenden Inhalt, wenn es noch nicht wieder auf die Ebene der spezifischen Perspektive jenes Individuums heruntergeholt worden ist, das dieses Urteil objektiv akzeptiert hat.

Relative Gründe sind hiervon sehr verschieden. Ein objektives Urteil, daß etwas einen *relativen* Wert hat, legt Sie nur darauf fest, zu glauben, daß jemand einen Grund hat, dieses Etwas zu wollen oder zu vollziehen, sofern es zu ihm in der richtigen Beziehung steht (sofern es beispielsweise in *seinem* Interesse liegt). Wer dieses Urteil fällt, legt sich nicht darauf fest, selbst zu wollen, es möge *der Fall sein*, daß sich die Menschen allgemein von solchen Gründen motivieren lassen. Das Urteil legt ihn nur dann darauf fest, etwas auch zu *wollen*, wenn es erkennbare Implikationen *für die individuelle Person, die er zufälligerweise ist*, besitzt. Und im Hinblick auf andere Personen betrifft der Inhalt des objektiven Urteils nur das, was *sie* tun oder wollen sollten.

Ich glaube, daß die Einnahme eines objektiven Standpunktes bei uns beide Arten von Urteilen hervorruft, und noch einige andere mehr, und daß solche Urteile ebenso wahr und zwingend sein können wie objektive Tatsachenaussagen über die wirkliche Welt, in der wir enthalten sind.

5. Sobald wir in der praktischen Überlegung den Schritt zur Objektivität vollziehen, mit dem wir von unserer je eigenen Perspektive absehen, haben wir uns die folgende Frage vorzulegen: Von welchen Handlungsgründen kann gesagt werden, daß sie für Personen auch dann gelten, wenn wir sie aus einer Perspektive betrachten, die von den Werten jeder besonderen Einzelperson absieht?
Die einfachste Antwort – und eine Antwort, die viele Leute geben würden – lautet: von gar keinen. Doch es gibt durchaus noch andere Optionen. Die vorgeschlagene Klassifikation von Formen der Allgemeinheit liefert uns ein ganzes Spektrum alternativer Hypothesen und ermöglicht überdies eine gewisse Flexibilität der Beantwortung, denn hinsichtlich jedes beliebigen Grundes, der aus der Perspektive eines besonderen Individuums subjektiv zu existieren scheint, könnte das korrespondierende objektive Urteil lauten, daß dieser Grund entweder gar nicht existiert, oder daß ihm ein neutraler oder ein externer oder ein dazwischen liegender Wert entspricht.
Es ist nicht leicht, zwischen diesen Hypothesen – sowie anderen, die wir uns noch gar nicht vorstellen können – zu entscheiden, und wir verfügen hierfür ebensowenig über ein allgemeines Verfahren, wie wir mit der Hilfe eines allgemeinen Verfahrens zur Selektion der plausibelsten objektiven Erklärung der Tatsachen auf der Basis der Daten unserer Erscheinungen gelangen. Die einzige »Methode«, die wir hier oder anderswo besitzen, besteht darin, zunächst *Hypothesen* hervorzubringen und dann zu erwägen, welche dieser Hypothesen im Lichte aller anderen Überlegungen, die wir für weitgehend plausibel halten, am vernünftigsten erscheinen.
Diese Beschreibung ist nicht gänzlich inhaltslos, denn sie

bedeutet zumindest, daß sich hier mit den Mitteln der Logik allein nichts entscheiden läßt. Man braucht uns *nicht* zu zeigen, daß die Negation bestimmter objektiver Werte *widersprüchlich* ist, um uns vernünftigerweise zur Anerkennung ihrer Existenz zu veranlassen. Ebensowenig unterstehen wir hier der Bedingung, den schwächsten oder den eingeschränktesten oder den ökonomischsten Grundsatz in Anspruch nehmen zu sollen, der mit den Ausgangsdaten vereinbart werden kann, die jeweils auf unsere Eigenperspektive zurückgehen. Wenn wir die Existenz von Gründen einräumen, die darüber hinausgehen, so nicht infolge des Zwanges der logischen Implikation, sondern weil wir nicht anders können, als bestimmte Alternativen zu glauben oder zumindest für besonders plausibel zu halten.

Es geschieht hier nichts anderes als in allen übrigen Fällen, denn zu theoretischen Erkenntnissen gelangen wir auch nicht durch ein deduktives Schließen auf der Basis der Erscheinungen. Der hauptsächliche Unterschied ist der, daß unser objektives Nachdenken über praktische Gründe noch sehr unterentwickelt ist und nicht ohne Schwierigkeiten auch nur den ersten Schritt vollzieht. Bei Werten sind der philosophische Skeptizismus und der Idealismus sehr viel populärer als ihr jeweiliges metaphysisches Pendant. Ich halte diese beiden Positionen hier jedoch für nicht weniger verfehlt und werde zeigen, daß zwar kein *einzelner* objektiver Grundsatz der praktischen Vernunft, wie etwa der Egoismus oder der Utilitarismus, die Gesamtheit der Phänomene abdeckt, daß jedoch die Anerkennung einiger objektiver Werte unausweichlich ist – und zwar nicht deshalb, weil jede der Alternativen widersprüchlich ist, sondern weil sie nicht *glaubwürdig* wäre. Ein Mensch, der, wie in Humes Beispiel, lieber die Zerstörung der ganzen Welt in Kauf nimmt, als sich am kleinen Finger zu ritzen, *widerspricht* sich nicht, noch hat er falsche *Erwartungen*, doch ist er (gelinde gesagt) unvernünftig, und jeder, der nicht im Banne eines viel zu eingeschränkten Verständnisses unseres Denkens steht, wird die Präferenzen dieses Menschen für objektiv verfehlt halten.

6. Aber wenn es auch unvernünftig ist, zu behaupten, daß objektiv betrachtet niemand jemals einen Grund zum Handeln hat, lassen sich positive objektive Grundsätze, die vernünftig *sind*, nur mit Schwierigkeiten angeben. Im übrigen Teil dieser Vorlesung und in der folgenden Sitzung werde ich versuchen, einige solcher Grundsätze zu verteidigen. Ich möchte jedoch von Anfang an einräumen, daß es nicht leicht ist, hier dem objektiven Impetus zu folgen, ohne unser individuelles Leben und unsere persönlichen Beziehungen zu verformen. Zwar *wollen* wir unsere eigene Lebensweise durchaus auch aus der Außenperspektive verstehen und akzeptieren können, doch womöglich folgt hieraus nicht immer, daß wir aus der Innenperspektive unser Leben mit den Mitteln dieses externen Verständnisses steuern sollten. Oft wird der objektive Standpunkt den subjektiven nicht ersetzen können, sondern mit ihm koexistieren und einen Maßstab setzen, mit dem der subjektive Standpunkt nicht in Kollision geraten darf. Entscheiden wir beispielsweise, was wir *selbst* tun sollen, so dürfen wir nicht zu einem anderen als dem Ergebnis gelangen, das sich uns nahelegen würde, wenn wir uns in objektiver Einstellung fragten, was eine solche *Person* tun soll – obgleich wir aus beiden unterschiedlichen Perspektiven nicht auf die gleiche Weise zu einer solchen Entscheidung kommen müssen.

Gelegentlich wird uns der objektive Standpunkt auch ein Urteil darüber ermöglichen, wie jemand *sein* oder *leben* sollte, ohne es uns zu erlauben, dieses Urteil in ein Urteil über etwas zu übersetzen, das zu tun er *Gründe* hat. Es ist gelegentlich besser, nicht aus Gründen zu leben und zu handeln, sondern weil wir nicht anders können. Insbesondere gilt dies für enge persönliche Beziehungen. Hier läßt sich der objektive Standpunkt nicht in die Perspektive des *Handelns* einbeziehen, ohne genau das zu zerstören, dessen objektiven Wert er behauptet. Wir sollten unser Leben auch aus der Außenperspektive ohne eine extreme Entfremdung oder Abneigung betrachten *können*, und der Umfang, in dem wir leben sollten, ohne den objektiven Standpunkt oder *überhaupt* irgendwelche Gründe zu *berücksichtigen*, wird seinerseits weitgehend aus einer objektiven Perspektive *bestimmt*.

Gleichermaßen kann es sein, daß sich manche idiosynkratischen individuellen Handlungsgründe wie die Werte fremdartiger Gemeinschaften als objektiv nicht zugänglich erweisen. Betrachten wir ein Beispiel aus unserer Mitte: Ich glaube nicht, daß Personen, die in der Lage sein möchten, ohne anzuhalten zweiundvierzig Kilometer zu laufen, unvernünftig sind, doch ihre Gründe dafür lassen sich nur aus der Perspektive eines Wertesystems verstehen, das mir völlig fremd ist – und hoffentlich auch fremd bleiben wird. Eine angemessene objektive Auffassung wird solche Nischen nicht assimilierbarer Subjektivität einräumen, die weder mit objektiven Grundsätzen in Konflikt geraten müssen, noch von ihnen bejaht würden. Hierunter werden viele Aspekte des persönlichen Geschmacks fallen, falls diese Aspekte, wovon ich überzeugt bin, nicht insgesamt unter einen allgemeinen hedonistischen Grundsatz subsumierbar sind.

Doch die schwierigsten und interessantesten Vermittlungsprobleme ergeben sich dort, wo man die Objektivität zwar als Maßstab verwenden *kann*, sich jedoch entscheiden muß, *auf welche Weise* man von ihr Gebrauch macht. Um einige der Probleme zu nennen: In welchem Umfang sollte eine objektive Auffassung *externe* Werte anerkennen? Ich welchem Umfang sollte sie *interne*, aber *neutrale* Werte anerkennen? In welchem Umfang sollten die Gründe dafür, die Interessen *anderer* zu respektieren, eine *relative* Form annehmen? In welchem Umfang darf jede Person ihren eigenen Interessen Priorität geben? Bei all diesen Fragen handelt es sich um Fragen nach der angemessenen Form der Allgemeinheit im Falle unterschiedlicher Arten des praktischen Denkens, sowie nach der richtigen Beziehung zwischen objektiven Grundsätzen und den Überlegungen individueller Handlungssubjekte. Auf einige dieser Fragen werde ich später eingehen, doch sehr vieles wird hier nicht diskutiert werden können.

Ich werde beispielsweise nicht auf die Frage externer Werte eingehen – Werte, die wir durch die Anziehungskraft bestimmter Dinge *gezeigt* bekommen, deren Existenz jedoch von der Existenz jedweder Interessen oder Wünsche unabhängig ist. Ich bin mir nicht sicher, ob es solche Werte überhaupt gibt, obgleich uns unsere objektivierende Tendenz stark in die Richtung der Überzeugung drängt, daß sie existieren – insbesondere in der Ästhetik, in welcher der Gegenstand des Interesses ein externes Objekt ist und das Interesse immer im Lichte fortgesetzter Aufmerksamkeit auf dieses Objekt von neuem kritisiert werden kann.

Vielmehr möchte ich diskutieren, welches die richtige Form *interner* Werte und Gründe ist – also solcher Werte, die von Interessen oder Wünschen abhängen. Sie lassen sich auf mehr als nur eine Weise objektivieren, und ich glaube, daß in unterschiedlichen Fällen jeweils andere Formen der Objektivierung angemessen sind.

7. Nehmen wir uns vor, in der nächsten Vorlesung auf einige dieser Komplikationen einzugehen, und betrachten wir nun einen Fall, bei dem die Lösung einfach ist: Lust und Schmerz. Ich bin kein ethischer Hedonist, doch zum einen halte ich Lust und Schmerz für außerordentlich wichtig, zum anderen besitzen beide eine Neutralität, die es sehr leicht macht, sie ins ethische Denken zu integrieren. Hierdurch unterscheiden sie sich von Präferenzen und Wünschen, auf die ich später zu sprechen komme.

Ich meine solche Arten von Lust und Schmerz, die nicht von

Tätigkeiten oder Wünschen abhängen, die *ihrerseits* Rechtfertigungs- und Wertfragen aufwerfen. Lust und Schmerz sind vielfach lediglich sinnliche Erlebnisse, denen gegenüber wir relativ passiv sind, obgleich wir ihnen unwillkürlich mit Interesse oder Abneigung gegenüberstehen. Nahezu jeder hält die Beendigung seiner eigenen Schmerzen oder die Vermehrung seiner eigenen Lust auf eine ziemlich einfache Weise für einen subjektiven Grund seines Handelns; er bedarf hier keines weiteren Grundes als Rückhalt. Sucht jemand auf der anderen Seite den Schmerz und meidet er die Lust, so gehen solche Idiosynkrasien für gewöhnlich tatsächlich auf andere Gründe zurück, etwa auf Schuldgefühle oder sexuellen Masochismus. Die Frage lautet nun: Welchen allgemeinen Wert soll man, wenn überhaupt, Lust oder Schmerz zuschreiben, sobald man diese Tatsachen aus einer objektiven Perspektive betrachtet?

Die Nullösung, die Position, daß Lust und Schmerz überhaupt keinen Wert haben können, der objektiv anerkannt werden könnte, scheint mir die Hypothese mit der geringsten Plausibilität zu sein, denn das würde bedeuten, daß wir aus der Außenperspektive noch nicht einmal sagen könnten, jemand hätte einen Grund, seine Hand nicht auf eine heiße Herdplatte zu legen. Machen Sie den Versuch, eine solche Situation aus der Außenperspektive zu denken, und sehen Sie zu, ob Ihr Urteil dabei neutral bleiben kann!

Doch ich möchte diese Position beiseite lassen, denn in Wirklichkeit interessiere ich mich für eine Entscheidung zwischen den beiden anderen Hypothesen, die jeweils zugeben, daß die Menschen durch Gründe bestimmt sind, ihre eigenen Schmerzen zu meiden und ihre eigene Lust zu steigern. Es handelt sich um ziemlich naheliegende Hypothesen, zu denen man gelangt, wenn man diesen Erlebnissen (a) einen relativen oder (b) einen neutralen Wert zuschreibt. Hat die Beendigung von Schmerzen nur einen relativen Wert, dann haben die Menschen einen Grund, ihre eigenen Schmerzen zu beenden, nicht jedoch die Schmerzen anderer (es sei denn, andere Gründe kämen hinzu). Hat die Beendigung von Schmerzen aber zusätzlich einen neutralen Wert, so hat *jeder* einen Grund zu wollen, *jeder* Schmerz solle aufhören, sei es sein eigener oder der eines anderen. Welche dieser beiden Hypothesen ist aus einer objektiven Perspektive die plausiblere? Ist der Wert sinnlicher Lust oder physischer Schmerzen relativ oder neutral?

Ich halte ihn zumindest teilweise für einen neutralen Wert. Das heißt, ich glaube, daß Lust etwas Gutes ist, daß Schmerzen etwas Schlechtes sind, und daß das sehr vernünftige objektive Prinzip, das einräumt, daß jeder von uns Gründe hat, seine eigene Lust zu vermehren und seine eigenen Schmerzen aufzuheben, anerkennen wird, daß solche Gründe nicht die einzigen Gründe darstellen, die hier im Spiel sind. Wir haben es hier mit einer normativen Aussage zu tun, denn daß etwas nicht vernünftig ist, bedeutet, wie bereits gesagt, nicht, daß es widersprüchlich wäre.

Sobald ich Argumente für diese These suche, fühle ich mich durch die Tatsache behindert, daß ich sie für evident halte. Es fällt mir zwar schwer, einen noch gewisseren Sachverhalt ausfindig zu machen, der sie stützen könnte, ich werde jedoch zu zeigen versuchen, welchen Fehler man begeht, wenn man sie abweist, und welche Gründe hinter einer solchen Ablehnung stehen könnten. Was würde es bedeuten, die alternative Hypothese, Lust oder Schmerz seien unpersönlich betrachtet weder gut noch schlecht, wirklich zu *glauben*? Akzeptiere ich diese Hypothese und nehme zugleich an, daß jeder Grund hat, im *eigenen Fall* nach Lust zu streben und Schmerzen zu meiden, so erhalte ich ein höchst sonderbares Ergebnis, sobald ich die Situation objektiv erwäge: Ich muß dann glauben, daß *ich* zwar einen Grund habe, gegen meine Kopfschmerzen Aspirin zu nehmen, daß es aber *keinen Grund* gibt, daß ich überhaupt Aspirin *erhalten* sollte. Und im Hinblick auf alle anderen Personen muß ich dasselbe glauben. Von einem objektiven Standpunkt aus muß ich dann urteilen, daß jeder einen Grund hat, ein Ergebnis anzustreben, das *unpersönlich* betrachtet *wertlos* ist und einen Wert nur für *ihn* hat.

Das muß erklärt werden. Falls neutrale Gründe nicht von Anfang an ausgeschlossen werden (und dafür würde man ein Argument benötigen), warum haben wir es dann hier nicht mit einem Indiz für ihre Existenz zu tun? Die Beendigung von Schmerzen ist kein individuelles Projekt, das die persönlichen Werte des Handelnden zum Ausdruck bringt. Der Wunsch, den Schmerz zu beenden, wird in der Person, die ihn empfindet, schlicht *hervorgerufen*. Sie mag sich aus unterschiedlichen Gründen dafür entscheiden, ihn nicht zu beenden, doch zunächst braucht sie nicht zu *beschließen*, daß sie will, daß der Schmerz aufhört: sie will es ganz einfach. Sie will, daß der Schmerz aufhört, weil er *schlecht* ist: nicht indem die Person sich dafür entscheidet, daß sie ihn zum Verschwinden bringen will, *wird* der Schmerz allererst zu einem Übel. Betrachten wir die Situation objektiv, konzentrieren wir uns darauf, wie sich der Schmerz *anfühlt*, und fragen wir uns, ob er (a) überhaupt nicht schlecht ist oder (b) schlecht nur für seinen Besitzer oder (c) gleichsam *schlechthin* schlecht, so glaube ich, daß es die dritte Antwort ist, *gegen* die man erst einmal ein Argument vorbringen muß. Sie ist mitnichten die Antwort, *für* die man zu argumentieren hat. Das philosophische Problem besteht hier darin, Hindernisse zu beseitigen, die der Anerkennung von etwas im Wege stehen, das eigentlich *gewiß* ist. Diese Hindernisse haben wir zunächst einmal zu identifizieren.

Denken Sie darüber nach, wie *seltsam* die Frage anmutet, die man stellt, wenn man für eine Angelegenheit wie diese eine Rechtfertigung des Altruismus fordert. Nehmen wir an, der Fragende sei zusammen mit anderen Personen aus einem brennenden Gebäude gerettet und mit schweren Brandverletzungen in ein Krankenhaus eingeliefert worden. »Ich verstehe, inwiefern *meine* Schmerzen *mir* einen

Grund geben, das Betäubungsmittel einzunehmen«, sagt er, »und ich verstehe, inwiefern die Schmerzen meines stöhnenden Bettnachbarn *ihm* einen Grund geben, ein Betäubungsmittel einzunehmen; doch inwiefern geben *seine* Schmerzen *mir* einen Grund zu wollen, daß man ihm ein Schmerzmittel verabreicht? Wie kann *sein* Schmerz *mir* oder jedem anderen, der diesen Schmerz aus der *Außen*perspektive betrachtet, überhaupt einen Grund geben?«

Diese Frage ist irrsinnig. Als Ausdruck eines Problems eignet ihr jener typisch philosophische Irrsinn, der zeigt, daß etwas sehr Grundlegendes falsch gelaufen ist. Das zeigt sich an der Tatsache, daß die *Antwort* auf seine Frage *offensichtlich* ist, so offensichtlich, daß es bereits eine philosophische Handlung ist, die Frage zu stellen. Die Antwort lautet, daß diese Schmerzen *schrecklich* sind. Der Schmerz des Mannes, der neben Ihnen in seinem Bett stöhnt, ist ebenso schrecklich wie Ihr eigener Schmerz.

Doch vielen Philosophen stand diese Antwort nicht mehr zur Verfügung, sobald sie über die Situation theoretisch nachdachten. Für sie muß dem Schmerz der Person im Nebenbett erst gewaltig von außen nachgeholfen werden, bevor er mir einen Grund geben kann, etwas zu wollen oder zu tun; andernfalls bekommt er mich nicht an die Angel. Da die meisten dieser Philosophen sich völlig darüber im klaren sind, welche Macht solche Erwägungen tatsächlich über sie haben, stellen sich normalerweise auch bald Rechtfertigungen der einen oder der anderen Art ein. Diese Rechtfertigungen nehmen aber eine Form an, die sich im Ausgang von den Wünschen und Interessen des Individuums, für das Gründe gesucht werden, *nach außen* vorarbeitet. Die Beweislast soll immer auf der Behauptung liegen, daß dieses Individuum durch Gründe bestimmt ist, sich um etwas zu sorgen, das nicht *immer schon* ein Gegenstand seines Interesses ist.

Solche Rechtfertigungen sind unnötig. Sie handeln der wahren Natur der Situation klar zuwider. Mein Grund dafür, zu wollen, die Schmerzen des Mannes neben mir mögen aufhören, ist allein der, daß sie schrecklich sind und ich das weiß.

8. Was ist für diese Forderung nach Rechtfertigung mit all ihrem Anflug von philosophischem Irrsinn verantwortlich? Ich glaube, es handelt sich um etwas ziemlich Tiefliegendes, das im gewöhnlichen Leben nicht an die Oberfläche gelangt: um ein falsches Gefühl für die Verteilung der Beweislast. Im Grunde verlangt man von uns einen Beweis der *Möglichkeit* wirklich unpersönlicher Werte und unterstellt dabei, daß diese Werte *un*möglich sind, falls kein solcher allgemeiner Beweis für sie gegeben werden kann.
Das halte ich jedoch für falsch. Wir sind bereits in der Lage, uns eine solche Möglichkeit *vorzustellen*, und sobald wir uns in einem weiteren Schritt fragen, was es im Bereich der praktischen Vernunft – wenn überhaupt – an Realität gibt, sehen wir in ihr eine Möglichkeit, die wir in Betracht zu ziehen haben: wir können gar nicht mehr anders, als sie zu berücksichtigen. Gibt es wirklich *Gründe*, und nicht bloß *Motive*, Triebe und Neigungen, und befinden sich unter den Gründen, die wir uns vorstellen können, auch neutrale Gründe, so eröffnet sich unstreitig die Möglichkeit, daß der physische Schmerz *objektiv* schlecht ist: daß es sogar aus einer unpersönlichen Perspektive einen Grund gibt, ihn beenden zu wollen. Betrachten wir diese Situation objektiv, so legt sich uns der oben beschriebene Ansatz auf eine ganz natürliche Weise von selbst nahe.
Sobald wir diese Diagnose als eine *Möglichkeit* anerkennen, fällt es schwer, sie *nicht* zu akzeptieren. Sie wird zu einer Hypothese, die man erst einmal *beseitigen* muß, wenn man etwa die Auffassung vertreten möchte, daß alle Gründe relativ sind. Die Frage ist: Wie lauten die Alternativen, sobald wir den objektiven Standpunkt eingenommen haben? *Etwas* müssen wir doch denken. Können neutrale Werte überhaupt in einer realistischen Auffassungsweise von

Gründen untergebracht werden, so wird es unnatürlich, Verbrennungsschmerzen *nicht* den neutralen Wert zuzuschreiben, schlecht zu sein. Diese Diagnose ist das natürliche Ergebnis der Tatsache, daß jeder, der einen Verbrennungsschmerz erleidet und ihm daher am nächsten steht, diesen Schmerz sofort loswerden will und keinerlei Unterweisung oder Erziehung nötig hat, um dies zu wollen. Dieses Indiz *impliziert* zwar nicht, daß Verbrennungsschmerzen unpersönlich betrachtet schlecht sind, denn es ist logisch denkbar, daß an ihnen überhaupt nichts Schlechtes ist oder daß sie ihren Besitzern bloß relative Gründe geben, sich ihrer entledigen zu wollen. Doch um solche Hypothesen ernst nehmen zu können, würde man Rechtfertigungen benötigen, die in diesem Falle überhaupt nicht zur Verfügung stehen.

Was würde eigentlich beweisen können, daß ein akuter physischer Schmerz, den jeder schrecklich findet, in Wirklichkeit im unpersönlichen Sinne überhaupt nicht schlecht ist, so daß er nur aus der Perspektive des Opfers nicht gleichgültig wäre? Nur ein ganz außerordentliches und weit hergeholtes Bild des Wertes einer außerhalb unserer Reichweite liegenden kosmischen Ordnung, in welcher der Schmerz eine wesentliche Funktion hätte, die ihn zu etwas Gutem oder zumindest zu etwas Neutralem machen würde – oder ein Beweis, daß es keine neutralen Werte *geben* kann. Beide Möglichkeiten scheiden aber meiner Meinung nach aus: die erste, weil das Problem des Übels in der Natur noch nicht gelöst worden ist, und die zweite, weil der Umstand, daß wir über keinen logischen Beweis dafür verfügen, daß es neutrale Werte *gibt*, nicht beweist, daß es neutrale Werte *nicht* gibt.

Meine eigene Position ist die folgende. Wir benötigen keinen Beweis, um die Möglichkeit neutraler Gründe *erwägen* zu können: diese Möglichkeit *stellt sich* uns schlicht und einfach von selbst *ein*, sobald wir den objektiven Standpunkt einnehmen. Und es existiert kein geheimnisvolles Problem, wie eine Person denn einen Grund haben kann, unabhängig von seiner Beziehung auf ihre besonderen Interessen oder ihre Eigenperspektive einen bestimmten Weltzustand zu wollen, da Wesen wie wir nicht auf die besondere Perspektive *eingeschränkt* sind, die mit ihrem persönlichen Ort in der Welt einhergeht. Ein jedes solches Wesen ist, wie ich oben schon sagte, zusätzlich ein *objektives Selbst*: es *kann nicht umhin*, sich eine objektive Auffassung einer Welt zu bilden, in der auch es selbst vorkommt; es kann nicht umhin, den Versuch zu machen, auch aus objektiver Einstellung zu *Wert*urteilen zu gelangen; es kann nicht umhin, sich zu fragen, ob es aus dieser objektiven Perspektive heraus, die davon absieht, *wer* dieses Wesen in der Welt ist, einen Grund hat zu wollen, etwas möge der Fall oder nicht der Fall sein – irgendeinen Grund zu wollen, etwas *solle* geschehen oder nicht geschehen.

Neutrale Gründe bedürfen deshalb keiner geheimnisvollen Quelle in unserem persönlichen Leben, weil wir *nicht nur* persönliche Wesen sind: bedeutsamerweise sind wir unserem Wesen nach auch Betrachter der Welt aus einer Perspektive, die nicht in ihr liegt – *aus einer Perspektive von nirgends her in der Welt* – und es ist diese Fähigkeit, die es uns ermöglicht, allgemeine und besondere Werturteile zu fällen. Sobald wir aus dieser Perspektive über die Realität von Gründen als solchen nachzudenken beginnen, wird die Möglichkeit neutraler Werte offensichtlich. Räumen wir die Möglichkeit des Realismus ein, so können wir die Existenz neutraler Werte nicht mehr von vornherein ausschließen.

Das grundlegende Problem ist daher der Realismus. Wenn es wirklich Werte und Gründe *gibt*, dann sollte es möglich sein, unser Verständnis dieser Werte durch eine objektive Untersuchung zu erweitern, und es kann dann keinen Grund geben, das objektive Urteil, daß Schmerzen im unpersönlichen Sinne schlecht und Lust im unpersönlichen Sinne gut sind, für unzulässig zu erklären. Ich möchte mich daher nun dem abstrakten Problem des Werterealismus zuwenden.

9. Die Annahme, daß es Werte und Gründe wirklich *gibt*, läßt sich wie die Annahme, daß es in der Außenwelt Dinge gibt, in einigen besonderen Fällen anfechten, sofern eine rein subjektive Auffassung der Erscheinungen plausibler ist. Und wie im Falle der Annahme einer Außenwelt ist die Möglichkeit der radikalen Falschheit dieser Annahme nicht widersprüchlich. Die Totalität der Erscheinungen *impliziert* ebensowenig die Realität von Werten, seien es neutrale oder andere Werte, wie sie die Realität eines physikalischen Universums impliziert. Doch sobald wir die Realität von Werten wie im Falle der Realität des Universums als möglich anerkennen, vermag die Realität beider von den Erscheinungen im einzelnen bestätigt zu werden – zumindest insoweit, daß einige Annahmen plausibler werden als ihre Alternativen. Viel hängt also davon ab, ob man zunächst einmal die Möglichkeit des Realismus einräumt.
Es ist außerordentlich schwierig, Argumente für eine solche Möglichkeit anzuführen. Man wird gelegentlich auf Argumente gegen die Möglichkeit des Realismus stoßen, die man dann zu widerlegen versuchen kann. Berkeleys Argument gegen die Vorstellbarkeit einer von der Erfahrung unabhängigen Welt ist ein Beispiel dafür. Doch welches Ergebnis liegt eigentlich vor, wenn ein solches Argument widerlegt worden ist? Befindet sich die in Frage stehende Möglichkeit dann in einer stärkeren Position? Ich glaube schon. Ich glaube grundsätzlich, daß sich die Möglichkeit des Realismus durch nichts *beweisen* läßt. Wir können einzig und allein Argumente für seine Unmöglichkeit widerlegen, und je mehr dieser Argumente wir widerlegen, um so größer wird unser Vertrauen in die realistische Alternative werden. Wollen wir also zu einem Urteil über die Verdienste einer

Anerkennung des Werterealismus gelangen, so haben wir uns mit den Einwänden *gegen* diesen Realismus zu befassen. Ich möchte hier auf drei solcher Einwände eingehen, die ich nach Maßgabe ihrer vermeintlichen Überzeugungskraft ausgewählt habe.

Das erste Argument begeht bereits mit einer seiner Voraussetzungen eine Petitio principii: Wenn Werte etwas Wirkliches sind, dann muß es sich bei ihnen um wirkliche Gegenstände einer ontologisch grundverschiedenen Art handeln. So argumentiert beispielsweise John Leslie Mackie in seinem Buch *Ethik* gegen die Objektivität von Werten, indem er sagt, sie seien kein Teil des Gewebes der Welt, und wären sie es, so hätte es sich bei ihnen um »Wesenheiten, Qualitäten oder Beziehungen von sehr seltsamer Art [zu] handeln, die von allen anderen Dingen in der Welt verschieden wären«.[1] Offensichtlich ist er im Besitz eines ganz bestimmten Bildes von der Beschaffenheit des Universums und geht davon aus, daß der Werterealismus die Welt mit zusätzlichen Wesenheiten, Qualitäten oder Beziehungen übervölkern würde – mit Dingen wie die Ideen Platons oder die nichtnatürlichen Qualitäten Moores. Doch diese Annahme ist nicht richtig. Der Aspekt, im unpersönlichen Sinne schlecht zu sein, der dem Schmerz zukommt, ist keine geheimnisvolle zusätzliche Eigenschaft, die alle Schmerzen haben, sondern lediglich die Tatsache, daß jeder, der in der Lage ist, die Welt objektiv zu betrachten, Gründe hat, Schmerzen *beenden* zu wollen, seien es seine eigenen oder die anderer. Die Auffassung, die Werte als etwas Wirkliches anerkennt, besagt nicht, daß sie wirkliche okkulte Wesenheiten oder Eigenschaften sind, sondern daß sie wirkliche *Werte* sind: daß unsere Aussagen über diese Werte und über die Gründe, welche die Menschen für ihr Handeln haben, unabhängig von unseren Überzeugungen und Neigungen *wahr* oder *falsch* sein kön-

1 John Leslie Mackie, *Ethik. Auf der Suche nach dem Richtigen und Falschen*, übers. von Rudolf Ginters, Stuttgart 1983, S. 43f.

nen. Keinerlei *andere* Arten von Wahrheiten sind im Spiel. Ja, andere Arten von Wahrheiten *könnten* die Realität von Werten überhaupt nicht implizieren.[2]

Das zweite Argument, das ich hier betrachten möchte, gründet sich nicht wie das erste auf eine verfehlte Interpretation der moralischen Objektivität, sondern versucht die Unwirklichkeit von Werten als eine objektive *Entdeckung* darzustellen. Es lautet: Wenn Wertaussagen objektiv richtig oder unrichtig sein müssen und wenn sie nicht auf *andersartige* objektive Aussagen zurückgeführt werden können, dann ist es einfach *offensichtlich*, daß alle positiven Wertaussagen falsch sein müssen. Nichts hat einen objektiven Wert, da objektiv betrachtet alles gleichgültig ist. Treiben wir die Ansprüche objektiver Distanzierung bis zu ihrer logischen Konsequenz und durchmustern wir die Welt aus einer Perspektive, die sich von allen Interessen restlos abgelöst hat, so entdecken wir, daß *nichts* mehr übrig bleibt – es gibt dann keine Werte gleich welcher Art mehr; nur von Personen *in* der Welt kann gesagt werden, daß für sie überhaupt etwas von Bedeutung ist. Wir erhalten hier als Ergebnis den *objektiven Nihilismus*.

2 In der Diskussionsrunde sagte Mackie, daß ich ihn falsch dargestellt hätte und sein Zweifel an der Wirklichkeit von Werten und Gründen nicht von der Annahme abhängig sei, sie müßten absonderliche *Entitäten* oder *Qualitäten* sein, um wirklich sein zu können. Sein Zweifel beziehe sich, wie er in seinem Buch sagt, auf *Gründe* selbst, denn, was sie auch immer sind, sie würden nicht benötigt, um irgend etwas zu erklären, das geschieht, weshalb es auch keine Veranlassung gebe, an ihre Existenz zu glauben. Ich würde jedoch erwidern, daß dies dasselbe Problem von neuem aufwirft. Die Annahme, daß seine Brauchbarkeit für *Erklärungs*zwecke hier das Kriterium der Wirklichkeit von etwas ist, begeht eine Petitio principii, denn die These, daß es besondere Gründe gibt, ist eine *normative* These und keine Aussage über die beste mögliche Erklärung von etwas. Setzt man voraus, daß nur das, was in der besten Erklärung der Welt vorkommen muß, wirklich ist, so *unterstellt* man, daß es keine irreduziblen normativen Wahrheiten gibt. Beide Parteien könnten über diese Problematik noch einiges mehr sagen, und ich hoffe Mackie in dieser kurzen Anmerkung nicht falsch dargestellt zu haben.

Ich bestreite nicht, daß uns der objektive Standpunkt in eine solche Richtung lockt, doch ich glaube, daß uns dieses Ergebnis nur dann als die einzig richtige Schlußfolgerung erscheinen kann, wenn wir irrtümlicherweise voraussetzen, daß objektive Werturteile *einzig und allein* vom distanzierten Standpunkt aus gefällt werden können. Es ist richtig, daß wir in keiner Weise angeben könnten, ob etwas einen Wert hat, wenn uns keine andere Auffassung zur Verfügung stünde als ein Blick auf die Welt von nirgends her. Doch eine objektive Auffassung hat sich darüber hinaus noch nach anderen Gesichtspunkten zu richten, denn die *Erscheinungen* – das Faktum, daß gewisse Dinge für Personen mit ihren je eigenen, besonderen Perspektiven, und nicht zu vergessen auch für uns selbst, einen Wert zu haben scheinen – gehören mit zu ihren Daten hinzu. In dieser Hinsicht unterscheidet sich die praktische Vernunft keineswegs von der übrigen. Wir gehen aus von der reinen Idee einer möglichen Wirklichkeit und einer sehr unreinen Menge von Erscheinungen und sind bemüht, dieser Idee der Wirklichkeit auf eine Weise Gehalt zu geben, die uns ein partielles Verständnis der Erscheinungen ermöglicht, wobei die Objektivität ein *Verfahren* ist, dessen wir uns hier bedienen. Wollen wir herausfinden, wie die Welt aus der Außenperspektive beschaffen ist, so müssen wir uns ihr aus der Innenperspektive nähern: und es ist nicht verwunderlich, daß dies auch in der Ethik gilt. Wie uns die objektive Einstellung zeigt, besteht die Schwierigkeit nicht darin, daß alle Werte zu verschwinden scheinen, sondern sie verdankt sich vielmehr der Tatsache, daß es offenbar viel zu viele Werte gibt – Werte, die aus *jedem* einzelnen Leben hervorgehen und die alle aus unserem eigenen Leben stammenden Werte hinwegzuschwemmen scheinen. Es fällt uns ebenso leicht, von einem objektiven Standpunkt aus Wünsche auszubilden, wie wir uns aus einer objektiven Perspektive Überzeugungen bilden. Ja, es fällt uns vermutlich noch leichter. Wie Meinungen und Überzeugungen müssen diese Wünsche und Bewertungen zwar partiell mit den *begrifflichen Mitteln* der Erscheinungen kritisiert und gerechtfertigt werden, doch es handelt sich bei ihnen nicht wiederum bloß um weitere Erscheinungen – ebensowenig, wie Überzeugungen über die Welt, die aus einer unpersönlichen Perspektive hervorgehen, nichts weiter sind als neue Erscheinungen.

Das dritte Argument gegen die objektive Realität von Werten ist ein empirisches Argument und von allen drei Argumenten vielleicht das verbreitetste. Es will die Möglichkeit realer Werte nicht von Anfang an ausschließen, sondern zeigen, daß es, selbst wenn wir ihre *Möglichkeit* einräumen, keinen Grund für die Annahme gibt, daß sie existieren. Das Argument lautet folgendermaßen: Betrachten wir die außerordentliche kulturelle Vielfalt normativer Überzeugungen, den Einfluß sozialer Macht und anderer psychischer Zwänge auf ihre Ausbildung und die Schwierigkeit, moralische Meinungsverschiedenheiten beizulegen, so wird es außerordentlich unplausibel, daß Werte mehr sind als bloße Erscheinungen.

Jeder, der dieses Argument anführt, muß zugeben, daß bei der Erklärung einer Erscheinung nicht auch jeder beliebige psychische Faktor, der hierbei eine Rolle spielt, zugleich zeigt, daß der Erscheinung nichts Wirkliches entspricht. Zwar spielen bei der Erklärung der Wahrnehmung einer Nebelkammerspur durch den Physiker gewisse Fähigkeiten der visuellen Wahrnehmung ebenso eine Rolle wie ausgedehnte Unterweisung, und gleiches gilt für die Erklärung der Tatsache, daß ein Student dahin kommt, die Wahrheit eines geometrischen Satzes zu glauben, doch der Weg, den das Teilchen nimmt, und die Wahrheit des Satzes haben gleichfalls einen wesentlichen Anteil an einer solchen Erklärung. Mir ist nicht bekannt, daß jemals eine allgemeine Theorie darüber aufgestellt worden wäre, welche psychologischen Erklärungen es prinzipiell ermöglichen, eine Erscheinung anzuzweifeln, und dennoch haben einige ethische Skeptiker das Gefühl, daß uns die Weise, auf die wir moralische Überzeugungen und andere Wertvorstellungen erwerben, glauben machen kann, daß wirkliche, objektive Werte bei dieser Erklärung keine Rolle spielen.

Mich überrascht die Popularität dieses Arguments. Das Faktum, daß wir die Moral mit sozialen Mitteln eingeschärft bekommen und es radikale Meinungsunterschiede zwischen den Kulturen, durch die Zeit hindurch und sogar in einem bestimmten Zeitraum innerhalb ein und derselben Kultur gibt, ist kein sonderlich guter Grund für die Folgerung, daß Werte keine objektive Realität besitzen. Selbst dort, wo es tatsächlich Wahrheit gibt, ist diese nicht immer leicht zu entdecken. Auch andere Bereiche der Erkenntnis werden mit sozialen Machtmitteln gelehrt, zahllose Wahrheiten wie auch Falschheiten werden ohne rationale Gründe geglaubt, und es gibt eine radikale Meinungsvielfalt in bezug auf wissenschaftliche und soziale Tatsachen – insbesondere dort, wo starke Interessen im Spiel sind, die von den unterschiedlichen Antworten auf eine strittige Frage beeinflußt werden könnten. Dieser dritte Faktor ist in der Ethik durchgängig in einem einmalig dominierenden Ausmaß am Werk: Sie ist ein Untersuchungsgebiet, in dem man sich auf extreme Meinungsunterschiede und radikale Kontroversen einrichten muß, gleichviel, welchen Grad der objektiven Realität ihr Gegenstand nun eigentlich hat. Ähnlich interessenbedingte Kontroversen über Tatsachen findet man erst, wenn man sich der heliozentrischen Theorie, der Evolutionstheorie, dem Fall Dreyfus oder dem genetischen Beitrag zuwendet, den Rassenunterschiede zum Intelligenzquotienten leisten sollen.

Obgleich unsere Methoden ethischen Denkens eher unterentwickelt sind, läßt das Ausmaß, in dem Übereinstimmung erzielt werden kann und sich soziale Vorurteile auch angesichts starker Zwänge transzendieren lassen, vermuten, daß die ethische Erkenntnis etwas Wirkliches erforscht: es geht demnach bei der Erklärung der Erscheinungen auf einfachen wie auf komplexen Ebenen auch darum, daß wir – nicht selten auf ungenaue Weise – bemerken, daß gewisse Gründe existieren, die unser Handeln motivieren können, und daß wir in der Folge daraus – nicht selten irrtümlicherweise – auf eine allgemeine Form von Grundsätzen schließen, die diese Gründe am besten erklärt.

Die bestimmende Auffassung, die in der Ethik wie in der Wissenschaft solche Bemühungen um ein Verständnis stützt, ist gerade der Realismus – oder die Möglichkeit des Realismus. Ohne sicher zu sein, daß wir zu einer solchen Erklärung gelangen können, suchen wir nach einer Theorie darüber, was Gründe wirklich sind, nach einer Theorie, die in objektiver Einstellung verstanden werden kann.

Ich bin hier nicht auf alle Argumente gegen den Wertrealismus eingegangen, sondern wollte allgemeine Gründe anführen, die uns solchen Argumenten gegenüber skeptisch machen sollten, die mir von einem allzu eingeschränkten und verarmten Vorbegriff dessen, was es *gibt*, bestimmt zu sein scheinen, worin im wesentlichen ihre Petitio principii liegt.

10. Lassen Sie mich zum Abschluß dieser Vorlesung die Themen nennen, die ich in der nächsten Woche diskutieren möchte. In der bisherigen Diskussion wandte ich mich gegen den Skeptizismus und argumentierte zugunsten des Realismus und unseres Strebens nach Objektivität in der Dimension der praktischen Vernunft. Doch sobald wir die Möglichkeit des Realismus nicht abweisen, sehen wir uns schnell mit einer dem Skeptizismus gerade entgegengesetzten Schwierigkeit konfrontiert. Bei ihr handelt es sich um das Problem der *übertriebenen Objektivierung*: die Versuchung, der Objektivität von Gründen eine allzu starke und einheitliche Interpretation zu geben.

Wie in der Metaphysik, so ist auch in der Ethik die Anziehungskraft der Objektivität sehr stark: Auf beiden Gebieten gibt es eine hartnäckige Tendenz zu einer *einheitlichen* und *vollständigen* objektiven Auffassung der Wirklichkeit – und im Bereich der Werte läuft dies auf die Suche nach der objektivsten möglichen Auffassung aller Handlungsgründe hinaus: nach einer Auffassung, die von einem *maximal* distanzierten Standpunkt aus akzeptiert werden kann.

Dieses Ideal liegt der relativ verbreiteten moralischen Überzeugung zugrunde, daß die einzigen wahren Werte, die es gibt, neutrale Werte sein müssen, und eine Person nur dann einen echten Grund haben kann, etwas zu tun, wenn ein neutraler Grund dafür existiert, daß es *geschieht*. Hierin besteht das Wesen des Konsequentialismus: Der einzige echte Grund, aus dem jemand etwas tun soll, ist der, daß es für die Welt als ganze besser wäre, wenn er es täte. (Dieser Gedanke findet sich in R. M. Hares Ansichten über den einzigen Urteilstypus wieder, den wir mit dem ethischen Diskurs zum Ausdruck bringen können;* er behauptet nämlich, schlechthin alle moralischen Urteile seien allgemein *präskriptiv*, was bedeutet, daß sie auf etwas zurückgehen, von dem wir *wollen, daß es geschehe*, wenn wir die Frage aus allen möglichen Perspektiven erwägen – und nicht auf etwas, von dem wir annehmen, die Menschen hätten *Grund, es zu tun*, wenn wir diese Frage auf eine solche Weise erwägen. Jeder Grundsatz, der in seinem Sinne moralisch wäre, wäre daher ein neutrales Prinzip.)

In der nächsten Vorlesung versuche ich zu erklären, warum sich die Ethik nicht nur auf neutrale Werte gründen kann, auf Werte, wie sie Lust und Schmerz zukommen. Wir dürfen ebensowenig annehmen, alle Werte seien neutrale Werte, wie wir davon ausgehen dürfen, die physikalische Wirklichkeit sei die gesamte Wirklichkeit. Vorhin habe ich gesagt, daß sich nicht alles, was es gibt, in eine einheitliche Auffassung des Universums aus einer Perspektive hineinpacken läßt, die *nirgendwo* in ihm lokalisiert ist. Wenn

* Siehe R. M. Hare, *Freedom and Reason*, Oxford 1963 (dt.: *Freiheit und Vernunft*, übers. von Georg Meggle, Frankfurt a. M. 1983), sowie Hare, *Moral Thinking*, Oxford 1981. [Anm. des Hrsg.]

offensichtlich ist, daß es spezifische Eigenperspektiven gibt, die mit den begrifflichen Mitteln der Physik nicht analysiert werden können, so haben wir unsere Auffassung der objektiven Wirklichkeit so umzugestalten, daß sie diese Perspektiven miteinschließt. Sollte das immer noch nicht ausreichen, so haben wir zur Wirklichkeit auch etwas hinzuzurechnen, das objektiv überhaupt nicht verstanden werden *kann*. Hier gilt nun das Entsprechende: Falls es ganz offensichtlich besondere Gründe für unser Handeln gibt, die in einem ausschließlich neutralen System nicht untergebracht werden können – oder womöglich noch nicht einmal in einem allgemeinen aber relativen System –, so kann es sein, daß wir unsere realistische Vorstellung von Werten und praktischer Vernunft entsprechend zu modifizieren haben. Ich will nicht sagen, daß hier kein Konflikt entsteht, denn der Gegensatz von objektiven Gründen und subjektiven Neigungen kann sehr scharf sein und es erforderlich machen, daß wir unser Leben ändern. Ich meine lediglich, daß wir zur Wahrheit – falls es hier Wahrheit gibt – nur gelangen können, wenn wir diesen Konflikt erforschen, also gerade nicht durch den Automatismus einer Dominanz des jeweils transzendenteren Standpunkts. Gerade wenn wir unser Leben zu *führen* haben, sehen wir uns gezwungen, die Rivalität von Innen- und Außenperspektive ernst zu nehmen.

Dritte Vorlesung

Ethik

1. In der heutigen Vorlesung möchte ich mich einigen der Probleme zuwenden, vor die sich jeder gestellt sieht, der die Objektivität der Ethik rechtfertigen und zugleich den auf diesem Gebiet auftretenden komplizierten Verwicklungen gerecht werden will. Es wird hier manche Parallelen zu dem geben, was ich in der ersten Vorlesung über die Interpretation der Objektivität im Hinblick auf das Bewußtsein gesagt habe. Auch heute wird meine Diskussion allgemein und sehr unvollständig sein; im wesentlichen möchte ich Sie durch einige Beispiele davon überzeugen, daß das Unternehmen nicht von vornherein hoffnungslos ist.

In der zweiten Vorlesung habe ich die Unterscheidung von relativen und neutralen Werten eingeführt. Ein neutraler Wert, falls es solche Werte gibt, ist der Wert von etwas, das *an sich* gut oder schlecht ist, von etwas, in bezug auf das es für alle Personen Gründe gibt, es zu wollen oder nicht zu wollen. Relative Werte auf der anderen Seite sind *relativ* zu bestimmen, obgleich auch sie allgemein sind. Man spezifiziert einen relativen Wert, indem man den Handelnden bezeichnet, das Individuum, für das er ein Grund ist. Gäbe es beispielsweise einen Grund, der für alle Personen ein Grund wäre, einen Weltzustand zu wollen, in dem die Welt ein glücklicherer Ort wäre, so hätten wir es hierbei mit einem *neutralen* Wert zu tun. Hätte auf der anderen Seite jede Person Grund, nur ihr eigenes Glück und das Glück bestimmter anderer Personen zu wollen, an denen sie ein Interesse hat, so würde es sich um einen *relativen* Wert handeln.

Dieser Unterschied ist für eine Reihe wichtiger Probleme der moralischen Objektivität und ihrer Grenzen absolut zentral. Bestimmte ethische Positionen, die man gelegentlich als »konsequentialistisch« bezeichnet, lassen einzig und allein neutrale Werte zu. Für sie befaßt sich die Ethik also nur mit etwas, das *geschehen* soll, und niemals unabhängig hiervon damit, was Menschen *tun* sollen. Doch eine solche Hegemonie der neutralen Werte wird gewöhnlich mit Bezug auf zwei spezielle Typen von Gründen angefochten, die jeweils eine *relative* Form zu haben scheinen und deren Existenz offenbar von neutralen Werten unabhängig ist.

Gründe der ersten Art leiten sich von den Wünschen, Vorhaben, Verpflichtungen und persönlichen Bindungen eines Individuums her, die ihm jeweils Grund geben, beim Handeln seine eigenen Ziele zu verfolgen. Ich werde diese Gründe unter die allgemeine Kategorie der *Gründe der Autonomie* subsumieren.

Gründe der zweiten Art stammen von den Ansprüchen anderer, nicht auf bestimmte Weisen falsch behandelt zu werden. Ich denke hier jedoch nicht an neutrale Gründe, die jeder dafür hat, einen Weltzustand zu wollen, in dem es *es der Fall ist*, daß niemand falsch behandelt wird, sondern vielmehr an relative Gründe, die jeder dafür hat, nicht *selbst* andere falsch zu behandeln, mit denen er zu tun hat (indem er beispielsweise ihre Rechte verletzt oder seine Versprechen ihnen gegenüber bricht, usf.). Diese Gründe werden unter der allgemeinen, häßlichen und altbekannten Kategorie der *Deontologie* zusammengefaßt. Autonome Gründe würden also einschränken, was wir im Dienste neutraler Werte zu tun *verpflichtet* sind, während deontologische Gründe einschränken, was uns im Dienste *sowohl* neutraler *als auch* autonomer Werte zu tun *erlaubt* ist.

Ich bin nicht sicher, ob es all diese relativen Gründe auch wirklich gibt. Die Existenz von Gründen der Autonomie ist ziemlich offensichtlich, doch während sich der Gedanke, der hinter den deontologischen Gründen steht, meines Erachtens zwar erklären läßt, scheint mir gerade diese Erklärung an der Richtigkeit solcher Gründe Zweifel zu erlauben. Wir können nur herausfinden, welche Grenzen es für das gibt, was wir im Dienste neutraler Werte tun dürfen oder tun müssen, indem wir zusehen, wie wir diese vermeintlichen Grenzen zu verstehen haben, und sie dementsprechend akzeptieren oder zurückweisen – je nachdem ob dieses maximale Verständnis gut genug ist.

Zusammengenommen umfassen die autonomen, die neutralen und die deontologischen Gründe einen großen Teil des Territoriums der unhinterfragten bürgerlichen Moral. Der »allgemeine Menschenverstand« sagt uns, daß ein jeder von uns sein eigenes Leben leben soll (*Autonomie*), daß wir wesentlich Rücksicht auf das Gemeinwohl nehmen müssen (*neutrale Werte*), und daß wir die Leute, mit denen wir zu tun haben, anständig zu behandeln haben (*Deontologie*). Doch er sagt uns gleichfalls, daß diese Ziele zu ernsten inneren Konflikten führen können. Der »gemeine Verstand« hat weder in der Ethik noch anderswo das letzte Wort, doch man sollte ihn studieren, bevor man ihn verabschiedet.

Es ist versucht worden, zumindest eine Variante beider Arten solcher vermeintlichen Ausnahmen einer neutralen Ethik in ein etwas komplizierteres neutrales System zu integrieren, indem man sich einer Weiterentwicklung des Konsequentialismus bediente, beispielsweise des Regel-Utilitarismus und des Motiv-Utilitarismus. Ich werde nicht den Nachweis unternehmen, daß diese Reduktionen des Relativen auf das Neutrale scheitern, sondern eine alternative Analyse vorschlagen, die zeigt, wie diese Ausnahmen auch unabhängig betrachtet sinnvoll sein können. Ich möchte erklären, was es eigentlich genau ist, das in einer neutralen Begrifflichkeit nicht gerechtfertigt werden kann. Die Analyse hängt im einen wie im anderen Fall von gewissen Diskrepanzen ab, die sich zwischen dem ergeben, was wir von einem objektiven Standpunkt aus *bewerten* können, und dem, von dem wir von einem objektiven Standpunkt aus *erkennen* können, daß es von einem *weniger* objektiven Standpunkt aus betrachtet *einen Wert hat.*

2. Machen wir mit der Autonomie den Anfang.

Nicht alle Quellen subjektiver Gründe sind so unkompliziert und offensichtlich wie Lust und Schmerz, die schlicht und einfach in uns ein Bewußtsein ihres Wertes *hervorrufen*, ohne daß hier Denken, Entscheidung oder Überlegung im Spiel wären. Ich habe deshalb vorhin gesagt, es sei infolgedessen vernünftig, ihren Wert aus einer objektiven Perspektive direkt zu bejahen oder zu verneinen, indem wir über sie als etwas urteilen, das unpersönlich gut oder schlecht ist. So schwer es auch zu leben sein mag, jeder von uns hat Gründe, der bloßen sinnlichen Lust oder dem Schmerz anderer ebenso einen wesentlichen Wert beizumessen wie seiner eigenen Lust oder seinem eigenen Schmerz. Ich glaube, wenn diese Werte isoliert auftreten, können sich beträchtliche Anforderungen an den einzelnen ergeben. Sie selbst und ein Unbekannter sind etwa beide verwundet, und Sie haben nur eine einzige Dosis eines Schmerzmittels zur Verfügung; der Schmerz des anderen ist weitaus stärker als Ihr eigener; also sollten Sie ihm das Schmerzmittel geben – und zwar nicht aus irgendwelchen komplizierten Gründen, sondern lediglich infolge der relativen Stärke der beiden Schmerzen, aus welcher sich ein neutraler Grund ergibt, die Erleichterung der stärkeren Schmerzen vorzuziehen. Entsprechendes läßt sich für andere elementare menschliche Güter und Übel sagen.

Doch die meisten menschlichen Werte sind nicht von dieser Art. Obgleich einige menschliche Interessen (und sicherlich nicht nur Lust und Unlust) deutlich machen, daß dabei unpersönliche Werte im Spiel sind, möchte ich nun zeigen, daß dies nicht für alle Interessen gilt. Habe ich starke Kopfschmerzen, so hat jeder andere einen Grund, zu wollen, daß sie aufhören; doch falls ich beispielsweise unbedingt ein erstklassiger Pianist werden möchte, hat nicht jeder einen Grund, zu wollen, daß mir dies auch gelingt. Zwar habe *ich selbst* dann einen Grund, unablässig zu üben, und dieser Grund kann ebenso stark sein wie mein Grund, zu

wollen, daß die Kopfschmerzen aufhören, doch andere Leute haben – wenn überhaupt – nur wenig Grund, sich darum zu scheren, ob ich ein erstklassiger Pianist werde oder nicht. Warum eigentlich?
Ich halte es für leichter, von diesem Gegensatz überzeugt zu sein, als ihn aufzuklären.
Ein Wert kann auf zweierlei Weise durch ein Interesse oder einen Wunsch bedingt sein: er kann sozusagen entweder innerhalb oder außerhalb des Bereichs des Bedingungssatzes liegen. Im ersten Fall hat der Umstand, daß jemand X erhält, wenn er X will, einen neutralen Wert: die Erfüllung des Wunsches hat einen objektiven Nutzen, und jedermann hat Grund, einen solchen Weltzustand zu fördern. Im zweiten Fall hat der Umstand, daß, wenn jemand X will, er X auch erhält oder erreicht, einen relativen Wert für die betreffende Person selbst: die Empfänglichkeit der Person für den Wert hat das Haben des Wunsches zur Bedingung, und die Erfüllung des Wunsches hat keinen neutralen Nutzen.
Ganz ungefähr gesagt (und hiermit meine ich wirklich nur: ganz ungefähr) glaube ich, daß unwillkürliche Wünsche zur ersten Kategorie gehören und künstliche oder anerzogene Wünsche zur zweiten. Der überwiegende Teil des von uns Erstrebten (wenn nicht der überwiegende Teil des von uns Gemiedenen), wird von uns selbst gewählt. Welchen Wert diese Dinge für uns haben, hängt von unseren individuellen Handlungszielen, Projekten und Anliegen ab – wobei unsere besonderen Interessen an anderen, in denen unsere Beziehung zu ihnen zum Ausdruck kommt, hierin keine Ausnahme machen –, und solche Dinge erhalten einen Wert ausschließlich durch das Interesse, das wir an ihnen nehmen, und durch den Platz, den sie hierdurch in unserem Leben einnehmen.
Betrachten wir solche Wünsche objektiv, aus der Außenperspektive, so vermögen wir die Richtigkeit der Gründe, die sie uns für unser Handeln geben, anzuerkennen, ohne zugleich von der Existenz eines neutralen Grundes für einen

Weltzustand auszugehen, in dem ein jedes dieser Dinge *getan wird*. Dieser Umstand verdankt sich der Tatsache, daß wir die Perspektive, aus der diese Werte akzeptiert werden müssen, nicht mehr *einnehmen*, wenn wir zum objektiven Standpunkt aufsteigen. Die Vielfalt der Werte und ihre Abhängigkeit von der Geschichte und der Situation des Handelnden macht dies unausweichlich. Aus einer Perspektive von außerhalb meines ehrgeizigen Planes, ein erstklassiger Pianist zu werden, wird es möglich, die Perspektive meines Projekts zu *erkennen* und zu *verstehen* und daher die Gründe *anzuerkennen*, die sich innerhalb ihrer ergeben; es ist jedoch nur möglich, solche Gründe auch als die eigenen zu *akzeptieren*, wenn man die betreffende Perspektive *selbst* einnimmt und nicht bloß von außen anerkennt.

Unser objektives *Verständnis* solcher Gründe schließt also nicht ihre objektive *Akzeptanz* ein, denn um sie zu haben und nach ihnen zu handeln, hätten wir die Perspektive dieses besonderen Lebens und seiner Ziele einzunehmen. Ob Sie selbst von ihrem Wert betroffen sind, hängt davon ab, welches Ihre eigenen Werte *sind*. Schwere Kopfschmerzen lassen sich auf der anderen Seite auch unabhängig von den *Werten* der Person, deren Schmerzen sie sind, als schlecht erkennen: sie haben mit persönlichen Werten dieser Person nichts zu tun. Sie müssen also nicht *eine solche Person sein*, um Ihrerseits einen Grund zu haben, sie beenden zu wollen. Das Übel dieser Schmerzen ist etwas Neutrales, und was auch immer Ihre persönlichen Werte sind, haben Sie Grund, es beenden zu wollen.

Es ist keineswegs inkohärent, alle Beethovensonaten auswendig spielen können zu wollen, und gleichzeitig davon überzeugt zu sein, daß es unpersönlich betrachtet gleichgültig ist, ob jemand dies kann. Ja, es wäre eine Form von Geistesgestörtheit, zu glauben, dergleichen sei unpersönlich betrachtet *nicht* gleichgültig. Unpersönlich betrachtet ist es noch nicht einmal sonderlich von Bedeutung, daß, *wenn* jemand alle Beethovensonaten auswendig spielen will, er hierzu in der Lage sein sollte. Dies ist nur deshalb nicht ganz gleichgültig, weil er es lieber nicht wollen sollte, wenn er nicht imstande ist, sein Ziel zu erreichen, was wiederum auf die Tatsache zurückzuführen ist, daß die Erfüllung eines persönlichen Wunsches angenehm und seine Enttäuschung schmerzlich sind, so daß an dieser Stelle die neutralen Werte von Lust und Schmerz ins Spiel kommen. Doch auch hierbei handelt es sich nur um einen recht schwachen neutralen Wert; denn der Wert des Weltzustandes, den wir soeben betrachten, ist keineswegs das unpersönliche Korrelat der relativen Gründe, die sich direkt aus dem Ehrgeiz des betreffenden Individuums ergeben: Lust ist nämlich *nicht* der Gegenstand seiner Ambitionen. Ist es das Subjekt selbst, das durch seine Entscheidungen und Handlungen ein Interesse ausbildet, so handelt es sich bei den objektiven Gründen, die hieraus hervorgehen, in erster Linie um relative Gründe. Sollen sich neutrale Gründe ergeben, so müssen Werte zum Ausdruck kommen, die von der Eigenperspektive und dem Präferenzsystem des betreffenden Subjekts unabhängig sind.

Die allgemeinen Werte von Lust und Unlust, Erfüllung und Enttäuschung von Wünschen haben, wie gesagt, bis zu einem gewissen Grade eine solche Funktion, doch nur insoweit sie vom Wert des Gegenstandes des Wunsches losgelöst werden können, dessen Aneignung oder dessen Verlust das jeweilige subjektive Gefühl erzeugen. Übrigens erklärt sich hierdurch auch, warum der *Hedonismus* für Konsequentialisten so attraktiv ist, denn schließlich reduziert er alle Werte auf den unpersönlichen gemeinsamen Nenner von Lust und Unlust.

Meines Erachtens gibt es eines jedoch *nicht*: Es existiert kein genereller neutraler Wert der Erfüllung von Wünschen und Präferenzen. Die Stärke der persönlichen Präferenzen eines Individuums bestimmt im allgemeinen, was zu tun *es* infolge dieser Präferenzen Grund hat, doch sie legt nicht fest, welcher neutrale Wert der Aneignung dessen, was es sich wünscht, zukommt – und zwar deshalb nicht, weil die Erfüllung persönlicher Präferenzen nur vom Standpunkt *der sich in ihnen äußernden Werte* überhaupt erst einen Wert *hat*. Es existiert kein unabhängiger Wert der Wunscherfüllung *per se*, dessen normative Kraft auch aus einer unpersönlichen Perspektive noch wirksam wäre.

Wir können diese ziemlich strenge Position ein Stück weit modifizieren, indem wir einräumen, daß es eine andere, allgemeinere Ebene gibt, auf der sich, sobald wir den Bereich beliebiger persönlicher Präferenzen objektiv betrachten, durchaus neutrale Werte einstellen. Es handelt sich um die Ebene der *Umstände* von Entscheidungen, Freiheit und Chancen, die eine Ausbildung und einen Vollzug willentlicher Belange erst möglich machen. Daß jemand ganz im allgemeinen über die Freiheit und die Mittel verfügt, sein Leben zu leben, kann nicht als ein Gut betrachtet werden, das nur aus der Perspektive der besonderen Anliegen und Projekte anerkannt werden kann, die gerade *er* ausgebildet hat. Vielmehr handelt es sich hierbei wie bei den Gütern Gesundheit, Nahrung, physisches Wohlergehen und Leben um ein uneingeschränkt allgemeines Gut, dem ganz selbstverständlich ein neutraler Wert zukommt, wenn wir die Existenz neutraler Werte *überhaupt* anerkennen wollen. Die Menschen haben Grund, an der Freiheit und an den allgemeinen Chancen anderer ebenso ein Interesse zu nehmen wie an ihrem eigenen physischen Wohlergehen. Hiermit ist jedoch nicht gesagt, daß der Erfüllung gleich welcher Wünsche einer jeden Person irgendein neutraler Wert zukäme.

Wenn meine Hypothese zutrifft, daß wir es hier mit zwei Ebenen der Objektivierung zu tun haben, dann entspricht nicht jedem beliebigen persönlichen Grund, den ein Individuum dafür haben kann, etwas zu tun, auch ein triftiger neutraler Grund dafür, daß es geschieht. Jede Person verfügt über gewisse Gründe, die auf die Perspektive ihres eigenen Lebens zurückgehen und durchaus intersubjektiv anerkannt werden können, doch weder ist es generell der Fall, daß solche Gründe anderen Personen ihrerseits Gründe geben, noch entsprechen sie Gründen, die dieser Person kraft der Interessen anderer Personen zur Verfügung stehen. Zwar verfügt ein Individuum über manche neutralen Gründe, auch die Interessen anderer zu berücksichtigen, doch persönliche Ansprüche der Autonomie erlauben es ihm, falls sie genug Gewicht haben, auf Kosten dieser anderen Ziele seine eigenen Ziele zu verfolgen. Und da auch relative Gründe allgemeine Gründe und daher nicht ausschließlich subjektiv sind, muß es demnach anerkennen, daß andere Personen im Hinblick auf es selbst ebendasselbe beanspruchen können.

All dies beruht auf der Voraussetzung, daß eine rein neutrale Objektivierung der umfangreichen Klasse individualistischer subjektiver Gründe unverständlich ist. Daraus folgt aber nicht, daß statt dessen eine *relative* Objektivierung korrekt sein muß. Eine radikale Alternative tut sich auf: Es wird denkbar, daß diese Gründe gar keine objektive Gültigkeit besitzen, weder eine relative noch eine neutrale. Ein utilitaristischer Extremist könnte also sagen: Wenn es keinen neutralen Grund für mich gibt, die Beethovensonaten auswendig spielen zu lernen – wenn dies nicht etwas an sich Gutes wäre; wenn die Welt nicht aufgrund meiner Fähigkeit, alle Beethovensonaten spielen zu können, zu einer besseren Welt würde –, dann habe ich schlechterdings *keinen* Grund, mir diese Fähigkeit anzueignen, und ich sollte meinen Wunsch, es dennoch zu tun, lieber möglichst bald loswerden.

Hier haben wir es mit einem Schachzug zu tun, der zwar logisch möglich ist, mir aber nicht sonderlich plausibel erscheint. Hinter ihm steht das Motiv, persönliche Perspektiven möglichst restlos aus dem Gebiet echter objektiver Werte zu eliminieren, und dieses Ziel gründet sich, soweit ich sehe, nicht seinerseits auf etwas. Sicherlich sollten wir bemüht sein, unser Leben mit einem Weltzustand in Übereinstimmung zu bringen, wie wir ihn anstreben und uns wünschen. Ich glaube jedoch nicht, daß wir hierfür notwendig alle Werte preiszugeben haben, denen nicht etwas entspricht, das von einem unpersönlichen Standpunkt aus wünschenswert wäre, obgleich eine solche Einstellung als persönliche *Entscheidung* durchaus möglich ist – als ein Entschluß zur *Transzendenz des eigenen Selbst*.

Wenn es also auch objektiv betrachtet *sowohl* relative *als auch* neutrale Gründe gibt, wird die Frage zum Problem, wie ein Leben einzurichten ist, das beiden Gerechtigkeit widerfahren läßt. Bloß als Anmerkung zum Zusammenhang von Ethik und Politik möchte ich darauf hinweisen, daß es immer die Möglichkeit gibt, mit diesem Problem dadurch fertig zu werden, daß man die Verantwortung für die Wahrung neutraler Werte großenteils in die Hände überpersönlicher Institutionen legt, etwa der des Staates. Ein gut eingerichtetes System politischer und sozialer Institutionen wird sich wie ein Stoßdämpfer auswirken und nicht nur unser persönliches Leben vor den unersättlichen Ansprüchen eines unpersönlichen Guten schützen, sondern auch die umgekehrte Wirkung haben.

3. Als nächstes möchte ich auf das dunkle Thema deontologischer Gebote und Verbote zu sprechen kommen. Hierbei handelt es sich gleichfalls um relative Gründe, die aber nicht auf die Ziele und Projekte dessen zurückgehen, der handelt, sondern auf die Ansprüche anderer. Wir können sie daher nicht wie autonome Gründe einfach aus freien Stükken aufgeben. Sofern sie existieren, schränken sie ein, was wir im Dienste entweder relativer oder neutraler Ziele tun *dürfen*.

Welche Erklärung es für sie auch immer geben mag, es handelt sich bei ihnen um besonders deutliche moralische Erscheinungen. Konzentrieren wir unsere intuitiven Überzeugungen einmal auf das folgende Beispiel:

In einer kalten Winternacht stößt Ihnen auf einer abgelegenen Straße ein Verkehrsunfall zu. Alle anderen Insassen sind

schwer verletzt, das Auto unbrauchbar geworden, die Straße menschenleer. Sie laufen also so schnell Sie können weiter, bis Sie an ein einsames Haus gelangen. Wie sich herausstellt, wird dieses Haus von einer alten Dame bewohnt, die gerade ihr Enkelkind hütet. Ein Telefon gibt es nicht, doch in der Garage steht ein Wagen. Sie bitten verzweifelt, sich den Wagen ausleihen zu dürfen, und erklären der Dame den Vorfall. Sie will Ihnen nicht glauben. Sie verzweifeln, woraufhin die alte Dame Angst vor Ihnen bekommt, nach oben eilt und sich im Bad einschließt, während das Kind bei Ihnen zurückbleibt. Ohne Erfolg klopfen Sie an die Tür und durchsuchen das Haus nach den Wagenschlüsseln. Dann kommt Ihnen der Gedanke, daß Sie sie womöglich dazu bringen könnten, Ihnen zu sagen, wo sich die Schlüssel befinden, wenn Sie dem kleinen Kind vor der Tür des Badezimmers beispielsweise kräftig den Arm umdrehten. *Sollen* Sie also in einer solchen Situation so handeln?
Obgleich es für das Kind, wenn man ihm den Arm umdreht, weniger schlimm ist als für Ihre Freunde, wenn sie nicht ins Krankenhaus kommen, fällt es schwer, in dieser Situation nicht ein ernstes Dilemma zu sehen. Dieses Dilemma muß auf einen besonderen Grund zurückgehen, der dagegen spricht, so etwas zu *tun*, denn sonst wäre es *gewiß*, daß Sie das kleinere Übel wählen und dem Kind den Arm umdrehen *sollten*.

Die intuitiven moralischen Überzeugungen, die wir allgemein teilen, kennen unterschiedliche Arten deontologischer Gründe – unterschiedliche Grenzen dessen, was wir einem Menschen antun dürfen oder wie wir mit ihm verfahren können. So gibt es beispielsweise besondere Verpflichtungen, die auf Versprechen und Übereinkünfte zurückgehen; ebenso gibt es Vorbehalte gegen das Lügen; unterschiedliche Verbote, bestimmte Rechte eines Individuums zu verletzen, etwa sein Recht, nicht getötet oder verletzt, seiner Freiheit beraubt, bedroht, gefoltert, bestohlen oder zu etwas gezwungen zu werden; Vorbehalte dagegen, einem Menschen lediglich als Mittel zu einem Zweck bestimmte Opfer abzuverlangen; und vielleicht gibt es noch einen besonderen Anspruch auf Unmittelbarkeit, durch den Elend über eine räumliche Distanz hinweg zu einem ganz anderen Sachverhalt wird als unmittelbar im gleichen Zimmer gegenwärtiges Elend. Darüber hinaus mag es ein deontologisches Gebot der Fairneß, der Unparteilichkeit oder der Gleichheit *der Behandlung* anderer geben. (Dieses Gebot ist allerdings von jedwedem *neutralen* Wert zu unterscheiden, der der Gleichheit angeblich bei der Verteilung von Vorteilen zukommen soll, wenn wir diese als einen Aspekt der Bewertung von Weltzuständen* oder *Sachverhalten* betrachten.)

In all diesen Fällen sieht es so aus, als ob sich die speziellen Gründe, wenn sie existieren, nicht einfach durch *neutrale* Werte erklären lassen, da hier die besondere Beziehung des Handelnden zum Resultat *wesentlich* ist. Hinreichend starke neutrale Gründe können deontologische Gebote oder Verbote zwar *außer Kraft setzen*, doch solche Gebote lassen sich nicht ihrerseits als Ausdruck neutraler Werte auffassen. Die Weise, auf die solche Gründe arbeiten, macht deutlich, daß sie sich nicht durch die Hypothese erklären lassen, die Verletzung eines deontologischen Gebots oder Verbots habe einen erheblichen negativen neutralen Wert. Die eigentliche Stoßrichtung deontologischer Gründe wendet sich dagegen, daß man *selbst* etwas *tut* – und nicht dagegen, daß es *geschieht*.

Falls es Gebote oder Verbote dieser Art wirklich gibt, so gilt beispielsweise folgendes: Offenbar sollten *Sie* nicht um eines Vorteils willen ein Versprechen brechen oder eine Lüge in

* Die Verstärkung des hier vom Autor mit dem neutralen Begriff *Sachverhalt* Intendierten durch die Ergänzung *Weltzustand* ist eine Verdeutlichung des Übersetzers, von der auch an einigen anderen Stellen dieses Textes Gebrauch gemacht wird. Sie rechtfertigt sich u. a. durch zahlreiche Aussagen des Autors im Kontext und im gleichnamigen Kapitel von Thomas Nagel, *Der Blick von Nirgendwo*, übers. von Michael Gebauer, Frankfurt a. M. [ersch. 1992.] [Anm. des Hrsg.]

die Welt setzen, obgleich auf der anderen Seite nicht von Ihnen erwartet werden könnte, daß Sie auf einen vergleichbaren Vorteil verzichteten, um einen anderen daran zu hindern, zu lügen oder ein Versprechen zu brechen. Und offenbar sollten *Sie* dem kleinen Kind auch dann nicht den Arm verdrehen, um seine Großmutter zum Handeln zu erpressen, wenn die Angelegenheit außerordentlich wichtig ist – so wichtig, daß es nicht vernünftig wäre, auf den entsprechenden Vorteil zu verzichten, um einen anderen daran zu hindern, dem Kind den Arm umzudrehen. Ebenso gilt möglicherweise, daß *Sie* sich (etwa wenn Sie ein öffentliches Amt bekleiden) auch dann nicht an bestimmten diskriminierenden Maßnahmen *beteiligen* sollten, wenn diese Maßnahmen außerordentlich positive Folgen hätten, auf die man nicht vernünftigerweise verzichten würde, um *andere* daran zu hindern, ähnlich unfair vorzugehen.

Manche Leute werden solchen auf unsere Intuitionen gründenden moralischen Überzeugungen kurzerhand jede Plausibilität absprechen. Andere werden versichern, ihre Plausibilität lasse sich auf subtile Weise in der Begrifflichkeit neutraler Werte erklären und scheine nur deshalb einen ganz neuartigen Grund unseres Handelns zu implizieren, weil man sie noch nicht angemessen analysiert habe. Ich sagte bereits, daß ich gegenwärtig auf diese alternativen Thesen nicht eingehen werde. Ich habe den Eindruck, daß es sich bei ihnen um ihrem Wesen nach *revisionäre* Auffassungen handelt, die aus ihrer spezifischen Perspektive zwar einige Wahrheit zu enthalten scheinen, aber die deontologischen Auffassungen, die sie zu ersetzen trachten, nicht wirklich aufklären können. Zwar gibt es gelegentlich eine neutrale Rechtfertigung für etwas, das ursprünglich wie eine relative Handlungsbeschränkung aussieht, insbesondere wenn Institutionen und allgemeine Praktiken im Spiel sind, doch ich bin davon überzeugt, daß es gleichermaßen eine Vielzahl von Fällen gibt, die moralische Intuitionen ganz anderer Art wachrufen. Es sind die Auffassungen des letzteren Typs, die ich untersuchen und verstehen möchte, sei es zu Recht oder zu Unrecht. Es hat keinen Sinn, im voraus zeigen zu wollen, daß es die intendierte Kontroverse in Wirklichkeit gar nicht gibt.

Ein Grund für den Widerstand gegen deontologische Gebote und Verbote liegt darin, daß sie uns auf eine Weise *formale* Schwierigkeiten bereiten, wie dies für Gründe anderer Art nicht gilt. Wir verstehen, wie sich aus den besonderen Projekten und Anliegen eines Handelnden autonome relative Gründe ergeben können, und wir vermögen ebenso zu verstehen, wie aus den Interessen anderer, die zu berücksichtigen jeder von uns Grund hat, neutrale Gründe hervorgehen können. Doch wie kann es *relative* Gründe geben, die Ansprüche *anderer* zu respektieren? Wie kann es einen Grund dagegen geben, jemandem den Arm umzudrehen, der nicht gleichermaßen ein Grund dagegen ist, daß ein anderer ihm den Arm umdreht?

Die relative Natur des Grundes kann sich nicht einfach von der Natur des Interesses herleiten, das respektiert wird, denn dies allein würde allemal einen neutralen Grund dafür rechtfertigen, dieses Interesse zu schützen. Ebensowenig geht die Relativität des Grundes auf ein Ziel oder Projekt des jeweils Handelnden zurück, denn er ist nicht durch etwas bedingt, das sich der Handelnde wünscht. Deontologische Restriktionen gelten, sofern sie existieren, für jedermann: sie sind verbindlich und können nicht wie persönliche Vorhaben oder Verpflichtungen aus freien Stücken einfach aufgegeben werden.

Es kann kein Zweifel bestehen, daß Vorstellungen dieser Art einen wichtigen Teil unserer allgemeinen moralischen Phänomenologie ausmachen. Und doch kommt man in die Versuchung, sich die ganze Angelegenheit als eine Illusion, als eine Art subjektiven moralischen Schein zu denken, der entweder auf angeborene psychische Dispositionen zurückgeht oder auf unsere krude, aber nützliche moralische Indoktrination. Diese Hypothese hat jedoch das Problem, zu erklären, um *welche* Illusion es sich handelt. Es mag eine gute Sache sein, wenn die Menschen eine tiefsitzende Hemmung dagegen haben, Kinder zu quälen – und seien die Gründe dafür noch so gewichtig –, und Entsprechendes kann für die anderen deontologischen Gebote und Verbote gesagt werden. Doch das erklärt nicht, warum wir nicht dahin gelangen können, diese Vorstellung nun auch als eine bloße Hemmschwelle *zu betrachten*, die zu haben nützlich für uns ist. Eine Illusion schließt ein Urteil oder eine Disposition zu urteilen ein und nicht lediglich eine motivierende Neigung. Die zu erklärende phänomenale Tatsache besteht darin, daß wir in jedem einzelnen Fall einen außerordentlich mächtigen relativen Grund wahrzunehmen scheinen, ein Kind nicht zu quälen, und sie stellt sich als Begreifen einer *Wahrheit* dar und nicht lediglich als eine psychische Hemmschwelle. Die Behauptung, daß im allgemeinen eine solche Hemmschwelle gegen etwas sehr nützlich ist, vermag im Einzelfall unsere Überzeugung von einem starken Grund weder zu rechtfertigen noch zu erklären. Es ist diese Überzeugung, die man zu analysieren und zu erklären hat und die akzeptiert oder zurückgewiesen werden muß, je nachdem, ob uns die Erklärung eine angemessene Rechtfertigung dafür liefert.

4. Meiner Meinung nach gibt uns das traditionelle ›Prinzip der doppelten Wirkung‹ trotz seiner Anwendungsprobleme einen groben Leitfaden für den Umfang und das Wesen deontologischer Gebote und Verbote an die Hand. Ungeachtet aller Bücher, die in den letzten Jahren zum Thema geschrieben wurden, bleibt dieses Prinzip der richtige Konvergenzpunkt aller Bemühungen, unsere Intuitionen auszuformulieren.[1] Das Prinzip besagt, daß ich, um deontologi-

1 Eine gute Darstellung dieser Auffassung findet sich bei Charles Fried, *Right and Wrong*, Cambridge (Mass.) 1978.

sche Gebote oder Verbote zu verletzen, einen anderen *absichtlich* falsch behandeln muß. Es muß eine Mißhandlung im Spiel sein, für die ich mich entweder als Mittel oder als Zweck entscheide, und nicht bloß ein Ereignis, das meine Handlungen bewirken oder nicht verhindern helfen, auf das ich es jedoch nicht abgesehen habe.

Ebenso kann es sein, daß wir *vorhersehen*, daß unsere Handlungen ein Übel verursachen oder nicht zu verhindern helfen werden, das wir nicht hervorzubringen oder zuzulassen *beabsichtigen*. In einem solchen Fall handelt es sich um etwas, das wir nicht im relevanten Sinne *tun* und das nicht unter ein deontologisches Gebot oder Verbot fällt, obgleich es dennoch aus unpersönlichen Gründen anstößig sein kann. (Hierzu nur eine kurze aber nicht unwichtige Anmerkung: Solche Gebote oder Verbote betreffen uns, wenn wir ein Übel mit Absicht *zulassen*, nicht weniger, als wenn wir etwas mit Absicht *tun*. In unserem Beispiel sind wir demnach denselben Einwänden ausgesetzt, wenn wir, *während wir dasselbe Handlungsziel im Auge haben*, zulassen, daß ein anderer dem Kind den Arm umdreht. Wir haben es dann *absichtlich* geschehen lassen, und dies ist etwas ganz anderes als die Möglichkeit, daß wir ein solches Ereignis nicht verhindert haben, weil wir beispielsweise zu sehr mit *anderen* Dingen beschäftigt waren, die uns wichtiger erschienen.)

Soweit handelt es sich lediglich um eine Phänomenologie der Moral, die das Paradoxe daran nicht auszuräumen vermag. *Weshalb* sollen wir uns weit mehr für etwas verantwortlich fühlen, das wir absichtlich tun (oder geschehen lassen), als für Handlungsfolgen, die wir vorhersehen und in Kauf zu nehmen beschließen, die jedoch nicht zu unseren (mittelbaren oder endgültigen) Handlungszielen gehören? Wie ist es möglich, daß der Zusammenhang von Zwecken und Mitteln gleichsam als weitaus effektiverer Leiter unserer Verantwortlichkeit wirkt als dies der Zusammenhang von Vorhersehbarkeit und Vermeidbarkeit tut?

Es ist, als erzeugte jede Handlung eine – durch die Absicht bestimmte – besondere Perspektive auf die Welt. Sobald ich dem Kind absichtlich den Arm verdrehe, schließe ich dieses Übel in das ein, was ich tue: es ist meine Schöpfung und die Gründe, die daraus hervorgehen, vergrößern sich aus meiner Perspektive derart, daß sie all jene Gründe überragen, die auf weit größere mögliche Übel zurückgehen – Übel, die in dem Sinne ›entfernter‹ sind, als sie nicht zum Bereich des von mir Beabsichtigten hinzugehören.
So sieht das Bild aus, aber wie kann es zutreffend sein?

Hier haben wir es, wie ich meine, mit einem Fall zu tun, in dem wir philosophisch nichts gewinnen, wenn wir das Paradoxe an ihm beseitigen. Deontologische Gründe sind ihrem Wesen nach problematisch, und es handelt sich bei ihnen um nichts anderes als um einen Sonderfall des allgemeineren Problems einer Kollision subjektiver und objektiver Perspektiven. In diesem Fall wird zum Problem, ob meiner besonderen persönlichen Handlungsperspektive bei der Bestimmung der Handlungsziele, für die es neutrale Gründe gibt, eine fundamentale Bedeutung zukommt. Kann ich allein infolge meiner Eigenperspektive einen hinreichenden Grund haben, eine Handlung nicht zu vollziehen, für die aus einer externen Perspektive gilt, daß es besser wäre, wenn ich sie vollzöge? Das heißt: *es* wäre besser, was *geschähe*, wäre besser, wenn ich dem Kind den Arm umdrehte, statt dies zu unterlassen – doch ich hätte etwas Schlechteres *getan*. Wenn meine Rücksicht auf das, was ich tun darf, und die entsprechenden Ansprüche meines Opfers den beträchtlichen unpersönlichen Wert dessen, was geschehen wird, überhaupt an Gewicht übertreffen können, so ist dies nur möglich, weil in der praktischen Überlegung die Eigenperspektive des Handelnden von solcher Wichtigkeit ist, daß sie sich dagegen sperrt, sich von einer Auffassung motivieren zu lassen, die die Welt als einen Ort betrachtet, an dem sich Gutes und Schlechtes ereignen und diese Ereignisse unab-

hängig von jeder persönlichen Perspektive einen Eigenwert haben.
Ich sagte bereits, daß jede neutrale Auffassung von Werten unvollständig ist. Relative Gründe, die sich all jenen individuellen Projekten, Verpflichtungen und Bindungen verdanken, die wir in irgendeinem Sinne selbst gewählt haben, gehen weder in ihr auf, noch lassen sie sich von ihr dominieren. Es reicht jedoch nicht aus, die Existenz nur solcher Gründe einzuräumen, die ich oben ›autonome relative Gründe‹ genannt habe, denn diese implizieren die Möglichkeit deontologischer Gründe nicht. Beide Arten von Gründen sind voneinander sehr verschieden. Das Paradoxe an spezifisch deontologischen Gründen äußert sich folgendermaßen: Sie sind relativ und bringen dennoch keinerlei subjektive Autonomie des Handelnden zum Ausdruck. Sie sind *Forderungen.* Paradox daran ist, daß gerade eine solche partielle, perspektivische Rücksicht auf die Interessen anderer *keiner* perspektivenfreien und unpersönlichen Rücksicht weichen soll. Die deontologische Perspektive kommt uns vergleichsweise unterentwickelt, ja abergläubisch vor, als handle es sich bei ihr lediglich um ein transitorisches Stadium auf dem Weg zu einer uneingeschränkten Objektivität. Wie kann etwas, das in diesem engen Sinne von uns *getan* wird, von einer solchen Wichtigkeit sein?

5. Ich möchte nun zu bestimmen versuchen, was eigentlich die Stärke der deontologischen Auffassung ausmacht. Betrachten wir zunächst ein eigentümliches Merkmal deontologischer Gründe, auf das ich bisher noch nicht hingewiesen habe: Jede Absichtlichkeit unseres Handelns hat anscheinend zur Folge, daß sich das ethische Gewicht *unrechter* Mittel – im Unterschied zu *unrechten* Nebenwirkungen – auf eine Weise potenziert, auf die das ethische Gewicht *guter* Mittel – im Unterschied zu *guten* Nebenwirkungen – durch sie nicht gesteigert wird. Um ein gutes Ziel zu erreichen, sollen wir uns möglichst keiner unrech-

ten Mittel bedienen, obgleich es erlaubt wäre, dieses gute Ziel durch neutrale Mittel zu erreichen, die vergleichbar schlechte Nebenwirkungen hätten.

Andererseits gibt es keinen Grund, angesichts zweier möglicher Marschrouten zu einem legitimen Ziel, von denen die eine jederzeit *gute* Mittel und *neutrale* Nebenwirkungen enthielte, während bei der anderen *neutrale* Mittel und etwas *bessere* Nebenwirkungen im Spiel wären, sich für die erste Marschroute zu entscheiden. Deontologische Gründe fordern von uns lediglich, daß wir *nicht* auf *Unrecht* abzielen; sie fordern von uns nicht, daß wir es auch mit unseren Mitteln auf *Gutes* abgesehen haben. Warum eigentlich? Welche Beziehung, die hier eine so spezifische und intensive Kollision zur Folge haben könnte, besteht zwischen Unrecht und *Absichtlichkeit* (dem eben erwähnten *Abzielen auf* oder *Bezwecken von* etwas)?

Wir kommen einer Antwort näher, wenn wir uns fragen, was es seinem Wesen nach bedeutet, es auf etwas *abgesehen* zu haben, und was dies von dem bloßen Umstand unterscheidet, wissentlich irgendein Ergebnis hervorzubringen.

Der Unterschied ist der, daß sich ein Handeln, das absichtlich auf ein gewisses Ergebnis zielt, von seinem Ziel *bestimmen* läßt. Sei es nun seinerseits bloß ein Mittel, oder sei es selbst der Zweck – ein Handeln, das es auf ein Ziel abgesehen hat, muß ihm folgen und gewillt sein, sich auch angesichts veränderter Umstände immer wieder auf es einzustellen. Eine Handlung dagegen, die ein Ergebnis lediglich *hervorbringt*, *folgt* diesem Ergebnis auch dann nicht – wird auch dann nicht von ihm *bestimmt* –, wenn es vorhergesehen wurde.

Was bedeutet das? Es bedeutet folgendes: Um es auf Unrecht oder Böses abgesehen zu haben – *und sei es nur als Mittel zum Zweck* –, muß sich unsere Handlung von diesem Unrecht *lenken* lassen. Wir müssen gewillt sein, sie so zu vollziehen, daß angesichts gleich welcher Umstände garantiert ist, daß wir dieses Unrecht hervorbringen: ein Nachlassen der Wirksamkeit des gewünschten Unrechts oder Übels muß für uns ein Grund sein, das, was wir tun, so zu ändern, daß die Wiederherstellung und Aufrechterhaltung dieses Übels gesichert ist. Doch das Wesen des Unrechts oder des Bösen besteht darin, daß es uns *abstoßen* sollte. Ist etwas böse, so sollen sich unsere Handlungen – wenn sie sich überhaupt von ihm lenken lassen – daran orientieren, es abzuschaffen, und nicht daran, es aufrechtzuerhalten. Das ist es, was es *bedeutet*, böse zu sein. Haben wir es also auf Böses abgesehen, so schwimmen wir geradewegs gegen den normativen Strom. Unser Handeln läßt sich hier von seinem eigentlichen Zweck an jeder beliebigen Stelle in eine Richtung lenken, die diametral der Richtung entgegengesetzt ist, in die der diesem Zweck entsprechende Wert weist. Oder anders gesagt: Zielen wir auf ein solches Unrecht ab, so wird das, was wir tun, in erster Linie zu einer positiven und nicht zu einer negativen Funktion dieses Unrechts. An jeder Stelle ist die beabsichtigte Funktion geradezu die Umkehrung der normativen Funktion, und aus der spezifischen Perspektive des Handelnden selbst erzeugt dieser Umstand jenes schrille Gefühl, etwas Schreckliches zu tun.

Drehe ich wie in unserem Beispiel dem Kind den Arm um, so habe ich es darauf abgesehen, Schmerzen zuzufügen. Wenn das Kind nun »Aufhören, es tut weh!« schreit, so ist dieser Protest geradewegs die Umkehrung meiner eigenen Absicht. Der Grund, mit dem es an mich appelliert, damit aufzuhören, ist exakt der Grund, der mich veranlaßt, weiterzumachen. Täte es nicht weh, so würde ich noch mehr Gewalt anwenden oder es mit dem anderen Arm versuchen. Da ich mich also davon leiten lasse, jetzt und hier Schmerzen zuzufügen, handle ich auf direkte und wesentliche Weise der normativen Kraft zuwider, die meinem eigentlichen Zweck innewohnt. Hierin scheint mir das Wesen deontologischer Forderungen zu bestehen: Was uns auch dann als spezifisch *unrecht* daran erscheint, ein Übel

mit Absicht hervorzubringen, wenn diese Tat Gutes bewirken kann, ist der Umstand, daß wir uns damit in die diametrale Gegenrichtung des unserem Zweck inhärenten Wertes bewegen.
Diese Diagnose vermag sich zu bestätigen, wenn wir uns fragen, wie das entsprechende Prinzip im Hinblick auf die Beziehung aussehen *würde*, die zwischen unserer Absicht und dem *Guten* (nicht dem Bösen) besteht. Ich sagte bereits, daß es keine *deontologische* Forderung gibt, auf Gutes abzuzielen, sondern von uns lediglich gefordert wird, es nicht auf Unrecht abzusehen. Doch das Pendant zu der Forderung, nicht auf ein Unrecht *hin*zuzielen, würde in der Forderung bestehen, nicht vom Guten *weg*zuzielen. Die Absicht, um eines guten Zweckes willen Gutes zu *verhindern*, hätte hier den Anschein einer ähnlichen normativen Umkehrung, wenn auch einer weniger schrillen als im Fall des Abzielens auf Unrecht. Überdies bin ich der Meinung, daß es durchaus deontologische Forderungen geben könnte, die es verbieten, um eines guten Zweckes willen etwas Gutes absichtlich zu verhindern, seien diese auch nicht so auffällig wie im anderen Fall. (Man denke beispielsweise an jemanden, der sich dagegen sträubt, die Lebensbedingung der Armen zu verbessern, weil er glaubt, daß dies ihre Unzufriedenheit und damit die langfristigen Chancen einer sozialen Revolution vermindern würde.) Ich möchte diesen Aspekt hier aber nur erwähnen, ohne ihm weiter nachzugehen.
All dies berührt jedoch noch nicht die Frage der Rechtfertigung, denn man wird einwenden, daß jemand, der auf ein Unrecht nur als Mittel zum Zweck abzielt, seine Handlung nicht wirklich vom Unrecht lenken läßt, sondern von irgendeinem globalen Guten, das eine Ausgewogenheit von Gutem und Bösem einschließt. Wenn ich dem Kind den Arm umdrehe, so ist es das Ziel, meine Freunde zu retten, das mich lenkt, und das Gute dieses Ziels überwiegt das Übel der Schmerzen des Kindes. Es ist sicherlich richtig, daß die *Unmittelbarkeit* des Faktums, daß ich in einem solchen

Fall bemüht sein muß, als Mittel zum Zweck ein Übel hervorzubringen, von einer gewissen phänomenalen Bedeutung ist; doch weshalb sollte sie von moralischer Bedeutung sein?

Hier haben wir es, wie ich glaube, mit einer ganz fundamentalen Kollision entgegengesetzter Perspektiven zu tun: Soll ich womöglich dem Widerstand, den ich gegen mein unmittelbares Abzielen auf Unrecht verspüre, zugunsten des globalen Werts der Folgen meines Handelns keine Beachtung mehr schenken? Sobald ich meine Handlung aus der Außenperspektive betrachte und als das Ergebnis meiner Entscheidung für einen auf unpersönliche Weise erwogenen Zustand der Welt denke, in der sie sich ereignet, erscheint mir dies vernünftig. Bedenke ich die Situation auf diese Weise, so abstrahiere ich gleichsam meinen Willen und seine Entscheidungen von meiner eigenen Person, ja sogar von meinen eigenen Handlungen, und treffe zwischen unterschiedlichen Weltzuständen eine direkte Auswahl – als hätte ich es mit einem Multiple-choice-Test zu tun. Sofern meine Entscheidung von einer Bilanz zugunsten dessen bestimmt wird, was im unpersönlichen Sinne das Beste ist, lasse ich mich demnach vom Guten lenken und nicht vom Unrechten.

Doch das Selbst, das sich auf solche Weise motivieren läßt, ist jenes objektive Selbst, das die Welt unpersönlich als einen Ort betrachtet, der TN und dessen Handlungen wie alle anderen Gegenstände in sich enthält. Es hat sich von der Perspektive TNs distanziert, da es die Welt gleichsam von nirgendwo aus – von keiner besonderen Position in der Welt – betrachtet. Es trifft seine Wahl, und TN, sein Werkzeug – man könnte auch sagen, sein Agent –, setzt seine Anweisungen so gut er kann in die Tat um. Womöglich wird *er* auf Unrecht abzielen müssen, denn die Alternative, die im unpersönlichen Sinne die beste ist, kann ihre guten Zwecke vielleicht nur mit unrechten Mitteln hervorbringen, doch er ist hierbei lediglich ein Befehlsempfänger.

Betrachten wir die Situation in diesem Licht, so sehen wir ein, warum eine neutrale, konsequentialistische Ethik eine so starke Anziehungskraft auf uns haben und dennoch der entgegengesetzte Einfluß einer relativen, deontologischen Ethik so mächtig sein kann. Die distanzierte, objektive Perspektive nimmt alles und jedes in sich auf und erzeugt einen Standpunkt der Wahl, durch dessen Einnahme sich schlechthin alle unterschiedlichen Individuen dafür entscheiden können, was geschehen soll. Aber ein jeder von uns ist nicht nur ein objektives Selbst, sondern zusätzlich eine besondere Person mit einer Eigenperspektive; wir handeln in der Welt aus einer solchen Perspektive und nicht lediglich vom Standpunkt eines distanzierten Willens, der jeweils Weltzustände auswählt oder zurückweist. Unsere Entscheidungen wählen nicht nur Weltzustände aus, sondern *Handlungen*. Aus einer solchen Perspektive macht es einen großen Unterschied, ob wir es auf Unrecht abgesehen haben und dem Kind den Arm umdrehen. Unser unmittelbares Ziel ist es, Schmerzen zu erzeugen, und die Tatsache, daß wir uns aus einer externen Perspektive zu ungunsten des Unrechts und für eine globale Bilanz des Guten entscheiden, vermag nicht das Faktum zu verdecken, daß es eine unrechte Handlung ist, die wir vollziehen.

Diese Erklärung des Einflusses deontologischer Gründe auf unsere Motivation läßt sich besonders klar auf Verbote anwenden, Personen als Mittel zum Zweck Unrecht anzutun. Eine vollständig ausgearbeitete deontologische Theorie hätte die unterschiedlichen normativen Aspekte zu erklären, gegen die wir verstoßen, wenn wir andern gegenüber unsere Versprechen nicht halten, sie belügen, auf unfaire Weise diskriminieren oder ihnen in einer unmittelbaren Notlage nicht beistehen. Ebenso hätte sie sich mit der Frage auseinanderzusetzen, worauf wir es im einzelnen genau abgesehen haben, wenn wir auf Weisen handeln, die sich ganz unterschiedlich beschreiben lassen. Doch der Schlüssel zum Verständnis all dieser moralischen Intuitionen liegt, wie ich

glaube, in der Unterscheidung zwischen der Innenperspektive des Subjekts beim Handeln und einer objektiven Außenperspektive, die der Handelnde gleichfalls einnehmen kann. Aus der ersten Perspektive stellen sich Gründe für Handeln ganz anders dar als aus der zweiten.
Wir müssen uns offenbar entscheiden. Sollen wir uns in der Ethik mit dem distanzierten, unpersönlichen Willen identifizieren, der Weltzustände auswählt und aus Gründen handelt, die auf eben diese Weise bestimmt werden? Oder weichen wir hierdurch der vollen Wahrheit darüber, wer wir wirklich sind und was wir tun, aus und begeben uns damit einer vollständigeren Berücksichtigung der Gründe, die auf Geschöpfe wie uns anwendbar sind? Falls nicht nur die unpersönliche sondern auch die persönliche Perspektive zu unserem eigentlichen Wesen gehört, ist nicht mehr verwunderlich, warum Handlungsgründe, die sich aus so gegensätzlichen Perspektiven herleiten, miteinander nicht harmonieren.

6. Ich halte dies für ein echtes philosophisches Dilemma, das sich mitnichten einer natürlichen Lösung zuführen läßt, denn es ergibt sich aus unserer eigenen Natur, die entgegengesetzte Perspektiven auf die Welt in sich begreift. In der Ethik spitzt sich dieser Widerstreit objektiver Distanzierung und individueller Perspektiven beträchtlich zu und wird an drei Varianten eines Dilemmas für jedermann deutlich spürbar: dem Dilemma, ob wir uns eher auf der Basis unserer eigenen Handlung oder mit Blick auf die Folgen entscheiden sollen; dem Dilemma, ob wir eher unser Privatleben leben oder uns in den Dienst des allgemeinen Guten stellen sollen; und dem Dilemma, ob wir uns lieber mit Dingen beschäftigen sollen, die sich in der Wirklichkeit tatsächlich ereignen, oder mit Dingen, die zeitlos sind. Sobald wir uns die Frage stellen, wie wir leben sollen, ist es die Komplexität unseres eigenen Wesens, die eine einheitliche Antwort erschwert.

Es ist denkbar, daß sich dies einmal ändern wird, denn noch befinden wir uns in einem sehr primitiven moralischen Entwicklungsstadium. Selbst die zivilisiertesten menschlichen Wesen verfügen über nicht mehr als Daumenregeln, wenn sie gefragt werden, wie man leben, andere Individuen behandeln, eine Gesellschaft organisieren soll. Bei der Wahnvorstellung, auch nur die elementarsten Grundsätze der Moral seien schon jetzt *bekannt* und es könne sich nur noch um die Schwierigkeit handeln, sie zu interpretieren und anzuwenden, haben wir es mit einer der absurdesten Formen von Einfalt zu tun, der sich unsere an Selbstüberschätzung nicht gerade arme Spezies je hingegeben hat. (Die Vorstellung, daß es hier Wahrheit, falls wir sie nicht unmittelbar und leicht erkennen können, gar nicht gibt, ist nicht weniger selbstgefällig.) Zwar ist unser Nichtwissen in diesen Regionen nicht immer ein ethisches, doch in vielen Fällen trifft dies zu. Die Idee der Möglichkeit eines moralischen Fortschritts ist eine wesentliche Bedingung des moralischen Fortschritts selbst. Mit Naturnotwendigkeit erfolgt hier überhaupt nichts.

Es wäre einfältig, die Umrisse eines korrekten Verfahrens für den ethischen Fortschritt von vornherein festlegen zu wollen. Ich glaube jedoch, daß die allgemeine Richtung, der man *gegenwärtig* vernünftigerweise nachgehen sollte, mit dem oben diskutierten schwierigen Projekt der Objektivität zusammenhängt. Das soll nicht heißen, daß uns eine größere Distanzierung zugleich auch der Wahrheit näherbringt. Zwar wird uns die Objektivität veranlassen, einige unserer ursprünglichen Neigungen für verfehlt zu halten, und wir werden uns daraufhin bemühen, diese Neigungen entweder durch andere zu ersetzen oder sie als unausrottbar, jedoch illusorisch einzuklammern; doch es wäre ein Fehler, subjektive Perspektiven ganz und gar aus unserer Ethik verbannen zu wollen – ein Fehler von der gleichen Größenordnung wie das ontologische Unternehmen einer Elimination des Perspektivischen aus dem Inventar unserer Auffassung vom

Universum. Er erscheint zwar nicht weniger verlockend, doch es wäre ebenso unvernünftig, Handlungsgründe, die von dem objektivsten unpersönlichen Wertesystem nicht absorbiert werden können, insgesamt zu verbannen, wie es unvernünftig wäre, Tatsachen, die von der Physik nicht absorbiert werden können, durchgängig aus unserer Ontologie zu eliminieren.

Ebenso bin ich jedoch davon überzeugt, daß die auf den Handelnden bezogenen, relativen Werte der individuellen Autonomie und der Deontologie ernstlich in Gefahr geraten, sobald wir unser Leben aus der Außenperspektive betrachten.

Ein Anzeichen hierfür ist, daß die verbreitetste Form des subjektiven Widerstandes gegen die Dominanz des Objektiven schlicht und einfach *Schlechtigkeit* ist. Ich bin auf dieses wohlbekannte Phänomen noch nicht zu sprechen gekommen, denn es gehört zwar mit zum Widerstreit subjektiver und objektiver Perspektiven auf dem Gebiet der praktischen Vernunft, doch hat es weder mit dem Inhalt der Ethik zu tun noch mit ihrer objektiven Realität. Die Ansprüche der Moral aus einer objektiven Perspektive anzuerkennen und sich gleichwohl zu weigern, ihnen nachzukommen, heißt *schlecht* sein. Man mag vielleicht nicht zugeben wollen, daß man so etwas tut – und sich »frisierte« Rechtfertigungen und rationalisierende Ausreden zurechtlegen –, doch die Tatsache, daß jemand die allgemeinen Grundsätze dessen, dem er sich widersetzt, in Wirklichkeit anerkennt, kann sich auch auf andere Weise zeigen: beispielsweise an seiner Reaktion auf eine vergleichbare Behandlung durch andere. Schlechtigkeit ist jedoch nicht dasselbe wie Amoralität. Sie zeigt im Gegenteil, daß jemand die Wirklichkeit und Objektivität der Ethik *nicht* bezweifelt. Sie ist die unmittelbarste Form seines subjektiven Widerstandes gegen jenen objektiven Standpunkt, der ein Bestandteil von uns allen ist und dessen Forderungen so unerschöpflich und ermüdend sein können.

Da der Krieg zwischen dem Subjektiven und dem Objektiven auch eine solche Erscheinungsform annehmen kann, ist hier ein beträchtliches Maß an Selbsttäuschung möglich. Es läßt sich beispielsweise nicht immer ohne Schwierigkeiten sagen, ob eine Moral, die dem individuellen Leben jeder Einzelperson eine überaus umfassende Freiheit zugesteht, jederzeit ihren eigenen Interessen nachzugehen, in Wirklichkeit nicht nur eine ganz simple Form von Schlechtigkeit ist: Egoismus angesichts der legitimen Ansprüche anderer. Wir wissen es ja alle: Es ist nicht leicht, gut zu sein.

Ich vermute, daß die Ausarbeitung eines Systems von Gründen, das persönliche und unpersönliche Ansprüche miteinander in Einklang zu bringen versucht, eine Tendenz nachweisen würde, auch angesichts der Tatsache, daß ein jeder von uns sein Leben partiell nur aus seiner Eigenperspektive leben kann, die persönlichen Komponenten dieses Systems zu modifizieren. Sobald die Ansprüche der Objektivität vom Subjekt erkannt werden, eröffnet sich die Möglichkeit, daß sie zu einem immer umfassenderen Teil der Selbstbeschreibung dieses Individuums werden und den Umfang seiner persönlichen Ziele und Ambitionen ebenso beeinflussen wie seine Auffassung von seiner spezifischen Beziehung zu anderen. Ich halte die Aussicht auf die allmähliche Entwicklung einer zunehmenden Allgemeinheit der moralischen Rücksichtnahme nicht für utopisch, einer *Internalisierung der* moralischen *Objektivität*, die der allmählichen Internalisierung des wissenschaftlichen Fortschritts vergleichbar wäre, die unsere moderne Kultur auszuzeichnen scheint.

Andererseits gibt es keinen Grund für die Annahme, dieser Prozeß werde reduktiv verlaufen – obgleich Fortschritt hier wie anderswo nur allzu leicht mit Reduktion und Simplifikation gleichgesetzt zu werden droht. Die Klienten der Ethik sind allemal einzelne, voneinander verschiedene Individuen, deren Vielfalt eine Garantie dafür ist, daß der Pluralismus ein wesentlicher Aspekt jeder angemessenen

Moral bleiben wird, wie weit sie auch immer fortgeschritten sein mag.
Es muß Prinzipien der praktischen Vernunft geben, die es uns erlauben, Werte zu berücksichtigen, die wir nicht teilen, deren Motivationskraft für andere wir jedoch anerkennen müssen. Grundsätzlich handelt es sich bei der Frage, wie man die außerordentliche Vielfalt der gegensätzlichen Gründe, die durch die praktische Vernunft erzeugt werden, mit den verbleibenden subjektiven Gründen durch ein Verfahren vermitteln können soll, das es uns erlaubt, in der Welt zu handeln und zu wählen, um ein einschüchternd schwieriges Problem.
Hiermit kommen wir auf einen letzten Aspekt zu sprechen: Eine Ethik ohne Politik kann es nicht geben. Eine Theorie, die bestimmt, wie Personen handeln sollen, bedarf einer Theorie – und zwar einer ethischen und nicht bloß einer empirischen Theorie – der *Institutionen*, unter denen sie leben sollen – jener Institutionen, die entscheidend ihre Ausgangschancen, die Entscheidungen, die sie treffen können, und ihre Beziehungen untereinander bestimmen. Da der Standpunkt der politischen Wissenschaft notwendig objektiv und distanziert ist, bietet er uns einen starken Anreiz zur Simplifikation, der wir mit allen Mitteln widerstehen sollten. Doch in einem bestimmten Sinne muß eine Gesellschaft auch dann nach Maßgabe eines einheitlichen Prinzipiensystems organisiert werden, wenn ihre Bürger sich drastisch voneinander unterscheiden.
Das ist unbequem. Es könnte so aussehen, als hätte sich die politische Wissenschaft auf eine allgemeine menschliche Natur zu gründen, und als hätten wir uns, falls wir sie nicht entdecken können, eine solche Natur zu erfinden, denn die politische Wissenschaft hat zu existieren. Um Narrheiten dieser Art zu vermeiden, müssen wir uns der sehr viel schwierigeren Aufgabe stellen, allgemeine und faire Grundsätze für Wesen auszuarbeiten, deren Natur nicht einheitlich und deren Werte legitimerweise verschieden sind. Würden

sich solche Wesen allzu drastisch voneinander unterscheiden, so könnte die Aufgabe unmöglich werden – so etwas wie eine intergalaktische politische Theorie wird es womöglich niemals geben können –, doch innerhalb der menschlichen Spezies scheint diese Vielfalt Grenzen zu haben, die die Möglichkeit nicht ausschließen, wenigstens zu einer partiellen Lösung zu gelangen. Bei ihr hätte es sich um eine Auffassung zu handeln, die einen Standpunkt einnimmt, der außerhalb der Perspektive eines jeden besonderen Individuums liegt und zugleich die Pluralität der Werte und Gründe anerkennt, die sich innerhalb jeder dieser Perspektiven ergeben. Obgleich die Moral der Politik mit Recht neutraler ist als die des Privatlebens, ist es sogar auf der Ebene, die die größte Unpersönlichkeit erfordert, wesentlich, Autonomie und relative Werte anzuerkennen.

Niemand kann sagen, welche Formen der Transzendenz des Individuellen sich auf lange Sicht durch den gesellschaftlichen Einfluß eines moralischen und politischen Fortschritts oder Rückschritts herauskristallisieren werden. Im Augenblick erscheint es jedoch verfrüht, zu glauben, das individuelle Leben werde sich im allgemeinen in den Dienst der Perspektive des Universums oder auch nur der Perspektive der Menschheit stellen – wenn auch einige Heilige oder Mystiker hierzu in der Lage sind. Gründe fürs Handeln müssen Gründe für Personen sein, und es ist zu erwarten, daß individuelle Perspektiven moralisch von Bedeutung sein werden, solange es menschliche Wesen gibt, die sich voneinander unterscheiden.

Anhang

Das Subjektive und das Objektive*

In verschiedenen Bereichen der Philosophie, deren Verbindung untereinander keineswegs immer offensichtlich ist, taucht *ein gemeinsames Problem* auf. Ich glaube, daß dieses Problem in eine allgemeine Form gebracht werden kann und sich bis zu einem gewissen Grade auch unabhängig davon thematisieren läßt, wie es sich in den spezifischen Einzelfällen darstellt – wobei die Ergebnisse dieser allgemeinen Behandlung schließlich wieder auf die Einzelfälle übertragen werden können. Die folgende Diskussion ist eine *vorläufige* Skizze einer, wie ich hoffe, gründlicheren und eingehenderen Bearbeitung des Themas.

Das Problem wird durch den Gegensatz zwischen subjektiven und objektiven Betrachtungsweisen aufgeworfen. Man tendiert dazu, nach einer objektiven Beschreibung und Erklärung von allem und jedem zu suchen, bevor man es als Teil der Wirklichkeit anerkennt. Aber oft läßt sich etwas, das aus einer subjektiveren Perspektive heraus beobachtet werden kann, nicht auf objektive Weise darstellen. Also ist entweder das objektive Bild der Welt unvollständig, oder das subjektive enthält falsche Vorstellungen, die beseitigt werden sollten.

Ich werde vorerst nicht versuchen, die Termini »subjektiv« und »objektiv« zu definieren, sondern ich werde mit einer

* Der vorliegende Beitrag erschien zuerst unter dem Titel »Subjektiv und Objektiv« in den Essays von Thomas Nagel *Über das Leben, die Seele und den Tod*, übers. von Karl-Ernst Prankel und Ralf Stoecker, Königstein i. Ts. 1984 (engl. Original: »Subjective and Objective«, in: Th. Nagel, *Mortal Questions*, Cambridge, Mass., 1979). Die Übersetzung wurde vom Herausgeber des vorliegenden Bandes durchgesehen und an einigen Stellen verändert. – Von Kurt Baier existiert eine längere lesenswerte Besprechung der Essays in: *Grazer Studien für Philosophie* 84 (1985) S. 135–157. [Anm. des Hrsg.]

Reihe von Beispielen aus der Ethik und der Metaphysik beginnen. Die Analogien zwischen ihnen sollten im Verlauf meiner Ausführungen deutlich werden.

Wenden wir uns zunächst einem Problem zu, das den *Sinn des Lebens* betrifft.[1] Wir haben die Möglichkeit, über menschliche Bestrebungen aus der Innenperspektive unseres Lebens nachzudenken. Das erlaubt uns zwar, bestimmte Aktivitäten unter Bezugnahme auf andere zu rechtfertigen, doch die Frage nach dem Sinn und Zweck des Ganzen stellt sich aus dieser Perspektive nur als die Frage, ob der jeweilige Aufwand an Energie und Aufmerksamkeit für unterschiedliche Abschnitte und Bereiche des Lebens in einem sinnvollen Verhältnis zu deren relativer Wichtigkeit steht. Die interne Sichtweise gerät ins Wanken, wenn man das Leben von einem Standpunkt aus betrachtet, der von spezifischen, aber auch von allgemeinen menschlichen Zwecken und Zielen losgelöst ist. Die Menschheit, und insbesondere man selbst, werden als unbedeutend begriffen, ja es wirkt sogar *absurd*, daß die Menschen ihrem Leben durch ihre Handlungen größten Wert beizumessen scheinen, obwohl sie doch gleichermaßen zu der Einsicht fähig sind, daß es aus einem umfassenderen Blickwinkel heraus keinerlei Bedeutung hat.
Jede dieser beiden Perspektiven beansprucht Vorrang. Aus interner Sicht stellt sich die Frage, weshalb es denn überhaupt für das individuelle Leben wichtig sein sollte, daß es, aus der externen Perspektive betrachtet, unbedeutend ist. Das Leben wird aus der Innenperspektive heraus gelebt, und Fragen nach Wert und Sinn sind nur dann sinnvoll, wenn sie aus dieser Perspektive heraus gestellt werden können. Es ist also gleichgültig, daß mein Leben unter einem externen Gesichtspunkt gleichgültig ist.

1 Siehe den Essay »Das Absurde« in meinem Buch *Über das Leben, die Seele und den Tod.*

Der externe Blickwinkel, andererseits, umfaßt auch all die Ziele und Verpflichtungen, an denen sich die interne Bedeutung bemißt. Diese Perspektive stellt sich dem Individuum als die einzig *richtige* Weise dar, auf die Welt und seinen Platz in ihr zu blicken: Sie beansprucht, das umfassende Weltbild bieten zu können. Es ist nur natürlich, daß das Individuum diese Art von Distanz schafft, um die egozentrischen Verfälschungen einer rein internen Sichtweise zu korrigieren und um den Beschränkungen entgegenzuwirken, die die Zufälligkeiten seiner hochspezifischen Natur und die Besonderheiten seiner Situation mit sich bringen. Aber die externe Sichtweise hat nicht bloß korrigierende Funktion. Sie beansprucht Dominanz, sie präsentiert sich als das einzig *vollständige* Bild davon, wie die Dinge wirklich sind. Diese Dominanz wird ihr nicht nur von außen zugeschrieben, sondern sie leitet sich von der inneren Anziehungskraft her, mit der sich der überpersönliche Gesichtspunkt der Reflexion des Individuums aufdrängt. Das Leben scheint *absurd* zu sein, weil es *einem selbst* absurd erscheint, wenn man einen Standpunkt einnimmt, der sowohl natürlich als auch überzeugend ist.

Das zweite Beispiel, das wir betrachten wollen, ist das Problem der *Willensfreiheit*. Dieses Problem hat seinen Ursprung darin, daß die Handlungsfreiheit durch die Hypothese in Frage gestellt zu sein scheint, Handlungen seien durch die ihnen vorausgehenden Umstände determiniert. Es hat viele Versuche gegeben, Handeln so zu analysieren, daß ein Widerspruch mit dem Determinismus vermieden wird – unter Bezugnahme auf Intentionen, Motive, Wünsche zweiter Stufe, Fähigkeiten, die Abwesenheit von Hindernissen und Zwängen. Tatsächlich hat man auch Fortschritte dabei gemacht, notwendige Bedingungen für Handeln herauszuarbeiten. Aber durch die Möglichkeit, daß diese Bedingungen nun ihrerseits determiniert sind, scheint eine Komponente des gewohnten Begriffs der Handlung immer noch in Frage gestellt zu sein.[2] Die Bedingungen mögen deshalb zwar notwendig sein, aber sie scheinen nicht hinreichend zu sein.

Der nächste Schritt besteht nun darin, zu erkennen, daß Handlungsfreiheit nicht schon durch die *Falschheit* des Determinismus impliziert wird, obwohl sie doch durch die Wahrheit des Determinismus in Frage gestellt wird. Akte, die *nicht* verursacht worden sind, lassen sich ebensowenig einem Handelnden zuschreiben wie solche, die durch vorangegangene Umstände verursacht worden sind. Man sieht sich also vor die Frage gestellt, welcher zusätzliche Faktor, außer der Falschheit des Determinismus, für freies Handeln erforderlich ist, und ob dieser dann nicht allein hinreichend für Freiheit sein könnte. Das schwierigste Problem, das mit der Willensfreiheit zusammenhängt, besteht darin, überhaupt anzugeben, worin dasjenige Problem besteht, das nach jedem Versuch, hinreichende Bedingungen für freies Handeln zu bestimmen, unweigerlich wieder von neuem auftaucht.

Der kürzlich unternommene Versuch, Handlungen im Rückgriff auf *Urheber*-Kausalität statt auf Ereignis-Kausalität zu analysieren,[3] ist aufschlußreich, weil er die wahre

2 Die Literatur zu diesem Thema ist umfangreich. Drei der besten neueren Artikel sind insbesondere: Peter F. Strawson, »Freedom and Resentment«, in: P. F. S., *Freedom and Resentment and Other Essays*, London 1974 (dt.: »Freiheit und Übelnehmen«, übers. von Christof Taul, in: *Seminar: Freies Handeln und Determinismus*, hrsg. von Ulrich Pothast, Frankfurt a. M. 1978, S. 201–233); Harry G. Frankfurt, »Freedom of the Will and the Concept of a Person«, in: *Journal of Philosophy* 68 (1971) S. 5–20 (dt.: »Willensfreiheit und der Begriff der Person«, übers. von Jens Kulenkampff, in: *Analytische Philosophie des Geistes*, hrsg. von Peter Bieri, Königstein i. Ts. 1981); Gary Watson, »Free Agency«, in: *Journal of Philosophy* 72 (1975) S. 209–220.

3 Siehe Roderick M. Chisholm, »Freedom and Action«, in: Keith Lehrer (Hrsg.), *Freedom and Determinism*, New York 1966 (dt.: »Freiheit und Handeln«, übers. von B. Schneider, in: *Analytische Handlungstheorie*, Bd. 1: *Handlungsbeschreibung*, hrsg. von Georg Meggle, Frankfurt a. M. 1977, S. 354–387).

Quelle unseres Unbehagens mit dem Determinismus offenbart. Das Problem besteht darin, daß die Auffassung von einer Handlung als einem *Ereignis*, das kausal mit anderen Ereignissen verknüpft ist, keinen Raum dafür läßt, daß jemand sie *vollzieht*. Aber es stellt sich heraus, daß eben auch dann kein Raum dafür bleibt, daß jemand eine Handlung *vollzieht*, wenn man sie als ein Ereignis betrachtet, das *nicht* mit anderen Ereignissen kausal verbunden ist. Deshalb haben einige Philosophen versucht, diesem Aspekt dadurch Rechnung zu tragen, daß sie nicht ein Ereignis, sondern den Handelnden zur Ursache machten. Ich finde den Begriff der Urheber-Kausalität unverständlich, aber ich glaube, daß ich die Motive für ihn verstehe. Zwar ist sein positiver Gehalt dunkel, doch seine negativen Implikationen sind klar. Die Handlungen werden aus der Kausalkette von Ereignissen herausgelöst, indem bestritten wird, daß sie von vorausgegangenen Umständen verursacht werden; und indem dafür als Ursache ein Handelnder eingesetzt wird, wird zugleich die Konsequenz vermieden, daß Handlungen einfach nur *geschehen*. Der Versuch, dem Aspekt des *Vollziehens* einer Handlung durch eine neue Art von Verursachung gerecht zu werden, ist aber von vornherein zum Scheitern verurteilt.

Das Problem besteht nicht darin, daß die Vorstellung von Handeln mit dieser oder jener Auffassung davon kollidiert, was beim Handeln geschieht, wenn es aus der Außenperspektive als ein Typus von Ereignissen betrachtet wird. Und es ist auch nicht die Frage der Vorhersagbarkeit, die das Problem erzeugt, denn ich treffe viele Entscheidungen und tue viele Dinge, die man ohne weiteres voraussagen könnte. Es geht einfach darum, daß es *mein Tun* ist, wenn ich den glänzenden statt den verfaulten Apfel nehme – und dafür bleibt in einer externen Darstellung des Ereignisses kein Raum, unabhängig davon, ob sie deterministisch ist oder nicht. Das wirkliche Problem entspringt aus dem Konflikt, der zwischen der Betrachtung einer Handlung aus der Innenperspektive und schlechterdings *jeder* Betrachtung aus der Außenperspektive besteht. Jede externe Auffassung von einer Handlung als einem Geschehnis – mag es nun durch kausale Antezedenzien verursacht worden sein oder nicht – scheint das Vollziehen der Handlung zu übergehen.

Selbst die Beschreibung einer Handlung, die auf Motive, Gründe, Fähigkeiten, die Abwesenheit von Hindernissen oder Zwängen Bezug nimmt, wird der Vorstellung des Handelnden von sich selbst als dem Ursprung der Handlung nicht gerecht. Seine Handlungen scheinen ihm von anderen Dingen, die geschehen, verschieden zu sein, aber sie scheinen nicht bloß zu einer anderen Art von Geschehnissen zu gehören, die vielleicht besondere Ursachen oder auch überhaupt keine haben. Sie scheinen ihm vielmehr auf eine unbeschreibbare Weise gar nicht zu *geschehen* (es sei denn, sie gerieten ihm völlig außer Kontrolle), obwohl natürlich bestimmte Dinge geschehen, wenn er Handlungen ausführt. Und wenn er andere als Handelnde betrachtet, scheint es sich mit deren Handlungen ebenso zu verhalten. Die Tendenz, diese Auffassung vom Handeln dadurch auszudrücken, daß man auf die Freiheit als Abwesenheit von vorausgegangenen Ursachen verweist, ist ein Fehler, wenn auch ein verständlicher. Sobald man den Akt unter dem Aspekt seiner Determination durch kausale Antezedenzien betrachtet, streicht man seinen Status als Ereignis heraus. Aber bei näherem Hinsehen erkennt man, daß keine Darstellung des Aktes, solange sie ihn als Ereignis beschreibt, aus der internen Perspektive des Handelnden befriedigend sein kann.

Die Verbindung zwischen diesem Problem und der Frage moralischer Verantwortlichkeit besteht darin: Wenn wir unsere eigenen Handlungen oder diejenigen anderer lediglich als Element der allgemeinen Abfolge von Ereignissen betrachten, scheint es unmöglich zu sein, sie Individuen in der Weise zuzuschreiben, daß diejenigen Einstellungen sinnvoll erscheinen, die wir gegenüber jemandem einnehmen, den wir als den Urheber einer Handlung betrachten. Bestimmte Einstellungen, die wir der *Person* gegenüber, nicht sie bloß betreffend, einnehmen, verlieren ihren Halt. Wenn ein Individuum sehr destruktiv ist, mag es vorkommen, daß wir wünschen, es würde besser nicht existieren; aber wenn wir in ihm bloß einen verheerenden Bestandteil der Welt sehen, ist es ebenso sinnlos, wenn wir es verantwortlich machen, wie wenn es sich selbst schuldig fühlt – unabhängig davon, wie komplex sein Verhalten und seine Motive sind, und ob sie kausal bedingt sind oder indeterminiert bleiben.[4]

Die wahre Natur des dritten Problems, das ich erwähnen will – es betrifft die *Identität der Person* –, kommt ebenfalls in vielen Diskussionen gar nicht zur Sprache. Denn normalerweise wird das Problem als die Suche nach den Bedingungen beschrieben, die erfüllt sein müssen, wenn zwei Erlebnisepisoden, die zeitlich voneinander getrennt sind, zu einer einzigen Person gehören sollen. Verschiedenste Formen von Kontinuität und Ähnlichkeit – physikalischer, mentaler, kausaler oder emotionaler Natur – wurden in Betracht gezogen, aber sie alle scheinen einen Aspekt personaler Identität unberücksichtigt zu lassen: Angenommen, irgendeine beliebige zur Diskussion gestellte Menge von Bedingungen sei tatsächlich erfüllt, so erhebt sich sofort die neue Frage, ob wir es unter diesen Bedingungen immer noch mit demselben *Subjekt* oder *Selbst* zu tun haben. Diese neue Frage ergibt sich z. B., wenn man sich vorstellt, man habe das erste von zwei Erlebnissen und frage sich bezüglich des zweiten (das in der zur Diskussion stehenden Relation zum ersten steht): »Nun gut, aber würde dieses künftige Erlebnis tatsächlich *mein* Erlebnis sein?« Wie schon im Fall der Willensfreiheit scheint auch hier das eigentliche Problem darin zu bestehen, jenes Problem auszumachen, das sich,

4 Diese Fragen habe ich ausführlicher in dem Essay »Glück gehabt! Zufall als moralisches Problem« in meinem Buch *Über das Leben, die Seele und den Tod* behandelt.

gleichgültig wie raffiniert eine vorgeschlagene Lösung auch sein mag, unweigerlich wieder von neuem stellen wird.
Es mag den Anschein haben, daß diese erneute Frage zur Annahme eines metaphysischen Ego führt, das die personale Identität garantiert. Aber das wäre falsch, denn wenn dieses Ego ein fortdauerndes Individuum mit eigener zeitlicher Identität wäre, hätten wir es lediglich mit einem weiteren Ding zu tun, hinsichtlich dessen wieder dasselbe Problem aufgeworfen werden könnte (würde *jenes* Ego noch meines sein?). Wenn auf der anderen Seite seine zeitliche Identität *allein* dadurch gegeben wäre, daß es immer noch mein Ego ist, dann kann es nicht dasjenige Individuum sein, dessen Fortbestehen meine personale Identität *garantiert*. Denn dann würde seine Identität ja bloß in der Tatsache bestehen, daß all seine Erlebnisse auch meine wären; und das kann natürlich nicht erklären, wodurch sie meine Erlebnisse sind.
Wenn Personen dagegen als Wesen in der Welt betrachtet werden, gleichgültig ob als physikalische oder mentale, dann scheint es sich bei dieser Frage gar nicht mehr um ein wirkliches Problem zu handeln. Personen bestehen und vergehen in der Zeit, und so müssen sie auch beschrieben werden. Aber ebenso wie im Fall der Willensfreiheit läßt sich die anhaltende Unzufriedenheit mit vorgeschlagenen Analysen auf einen unterdrückten *internen* Aspekt des Problems zurückführen, der sich durch keinen externen Lösungsvorschlag erfassen läßt. Aus der Perspektive der Person selbst scheint die Frage nach ihrer Identität oder Nichtidentität mit jemandem, der in der Zukunft ein Erlebnis haben wird, einen Gehalt zu haben, der durch keine Erklärung, die sich auf Erinnerung, Ähnlichkeit von Eigenschaften oder physikalische Kontinuität bezieht, erschöpft werden kann. Derartige Analysen sind niemals hinreichend, und aus dieser Perspektive mag es sogar scheinen, daß sie nicht einmal notwendige Bedingungen für Identität erbringen.
Wenn jemand sich selbst innerlich die Frage stellt, ob ein vergangenes oder kommendes Erlebnis *seines* war oder sein

würde, hat er das Gefühl, etwas aufzuspüren, dessen zeitliche Identität wohldefiniert ist – einfach indem er sich auf seine gegenwärtigen Erlebnisse konzentriert und die zeitliche Ausdehnung *ihres Subjekts* bestimmt. *Denn der Begriff des Selbst ist ein psychologischer*; und für solche Begriffe ist es charakteristisch, daß sie die philosophische Vorstellung hervorrufen, ihr *subjektives Wesen*, das am deutlichsten bei Verwendungen in der ersten Person sichtbar wird, lasse sich von den objektiven Begleiterscheinungen und bis zu einem gewissen Grade sogar von notwendigen Verbindungen mit anderen psychischen Phänomenen abtrennen. (Um noch ein anderes Beispiel dafür zu geben, sei die Überzeugung angeführt, daß es sich bei der Frage, ob Zucker anderen Menschen *so* – wie *dies* – schmeckt, um eine vollkommen wohldefinierte, wenn auch prinzipiell unbeantwortbare Frage handelt.) Das mag natürlich eine Illusion sein. Es ist vielleicht sinnlos, völlig losgelöst von allen externen Bedingungen von »demselben Selbst wie diesem« zu sprechen. Aber dennoch ist es die *interne* Vorstellung von einem Selbst, die das Problem personaler Identität entstehen läßt. Jeder Versuch, Personen lediglich als eine Art Gegenstand in der Welt zu begreifen, der durch die Zeit hindurch fortbesteht, wird sich letztlich diesem Hindernis gegenübergestellt sehen. Das Selbst, das sich dem Subjekt offenbart, scheint in der externen Analyse zu verschwinden.

Mein viertes Beispiel ist das *psychophysische Problem*. Ein besonders schwieriger Aspekt dieses Problems leitet sich vom subjektiven Wesen des Erlebens her. Solange man psychische Zustände objektiv, in ihren Kausalbeziehungen zu Reizen und zum Verhalten betrachtet, tauchen keine besonderen Fragen auf, die sich nicht auch hinsichtlich der physikalischen Analyse anderer natürlicher Phänomene ergeben. Sogar die Probleme der Intentionalität scheinen lösbar zu sein, wenn man von ihrem subjektiven Aspekt einmal absieht; denn dann könnte man in der Lage sein, auch bestimmte Computer als intentionale Systeme zu beschreiben. Es scheint aber *unmöglich* zu sein, daß ein physikalisches Bild der Welt auch solche Tatsachen einschließen könnte, die damit zusammenhängen, *wie es für ein Wesen ist*, sich in psychischen Zuständen zu befinden. Das Wesen und seine Zustände scheinen Teil einer Welt zu sein, die extern und unabhängig von persönlichen Besonderheiten betrachtet werden kann. Doch die subjektiven Aspekte des Psychischen können nur aus der Perspektive des Wesens selbst (die vielleicht auch von jemand anderem eingenommen werden kann) erfaßt werden, während das Physikalische einfach da ist und extern aus mehreren Perspektiven begriffen werden kann.[5] Gibt es also eine Möglichkeit, auch psychische Phänomene – als Teil dessen, was einfach nur *da ist* – in der Welt unterzubringen?

Auch hier beansprucht die Vorstellung einer überpersönlich und objektiv erfaßbaren Wirklichkeit eine dominante Rolle. Wir sehen uns nicht bloß dem Problem der Relation zwischen Leib und Seele oder dem der Zugehörigkeit der mentalen zur physikalischen Welt gegenübergestellt. Denn der generelle Konflikt zwischen persönlichen und unpersönlichen oder zwischen subjektiven und objektiven Perspektiven wird auch durch eine dualistische Theorie des Geistes nicht vermieden: Die Frage, wie man eine mentale Substanz, die subjektive Eigenschaften hat, in der objektiven Welt ansiedeln kann, stellt sich mit der gleichen Schärfe wie die Frage, auf welche Weise die physikalische Substanz subjektive Eigenschaften haben kann.

Das Physikalische ist das ideale Paradigma des Objektiven. Deshalb haben falsche Analogien zwischen dem Verhältnis des Psychischen zum Physikalischen auf der einen Seite und dem Verhältnis des Physikalischen zu anderen objektiven Aspekten der Realität auf der anderen Seite das wirkliche Problem verdeckt. Ebenso wie der Determinismus an die

5 Siehe »Wie ist es, eine Fledermaus zu sein?« in meinen Essays.

Stelle von *Externalität* oder *Objektivität* tritt, wenn das Problem des freien Willens aufgeworfen wird, figuriert das Physikalische als Substitut für Objektivität, wenn sich das psychophysische Problem stellt. All die Debatten über kausale Rollen, theoretische Identifikation und funktionale Realisation sind zwar an sich interessant, sie berühren aber nicht den zentralen Punkt, der das psychophysische Problem erst so ausweglos erscheinen läßt. Und ebenso wie wir es am Beispiel der Willensfreiheit und der personalen Identität gesehen haben, bleibt das *interne* Element, auch wenn es einfach ignoriert wird, die wahre Quelle unserer hartnäckigen Unzufriedenheit mit allen physikalischen und anderen externen Theorien des Geistes. Aber gleichzeitig übt die Überzeugung, daß Personen (und alles, was sie betrifft) Teil der *objektiven* Realität sein müssen, starke Anziehungskraft aus. Objektivität ist naturgemäß mit Realität verknüpft; nur allzuleicht fühlen wir uns von der Vorstellung angezogen, daß etwas seinen Platz in der objektiven Welt haben muß, damit wir es als real anerkennen können; wir glauben, daß die wirkliche Natur eines Phänomens in einem Merkmal bestehen muß, das – gleichgültig ob es sich um ein physikalisches handelt oder nicht – von einem externen Standpunkt aus und unabhängig von einer spezifischen persönlichen Perspektive betrachtet werden kann.

Das letzte Beispiel, dem ich mich zuwenden möchte, stammt aus der Ethik. Es betrifft den Unterschied zwischen konsequentialistischen und auf den Handelnden bezogenen Auffassungen von *Recht und Unrecht*. Einwände eines vertrauten Typus legen dem Utilitarismus und anderen konsequentialistischen Theorien zur Last, sie würden ungerechtfertigterweise Fragen danach, *was zu tun sei*, den Fragen danach, *was insgesamt am besten sei*, unterordnen. Diese Kritik beruht auf der Überlegung, daß eine ethische Theorie jedem einzelnen Individuum einen gewissen Spielraum zugestehen sollte, sein eigenes Leben zu führen, ohne sich ständig fragen zu müssen, inwieweit es dazu beiträgt, umfassendere Ziele zu erreichen. Oder es wird umgekehrt geltend gemacht, daß es notwendig ist, das Handeln bestimmten Restriktionen oder Geboten zu unterwerfen, die nicht durch ihren Beitrag zum allgemeinen Wohl gerechtfertigt werden können. Mit anderen Worten: Sowohl das, was einer Person *erlaubt*, als auch das, was von ihr *verlangt* wird, kann manchmal davon abweichen, was am besten wäre. Ich nenne diese beiden ziemlich unterschiedlichen Vorbehalte gegen den Konsequentialismus in einem Atemzug, weil sie sich in derselben Richtung vom konsequentialistischen Standpunkt entfernen, obwohl sie miteinander durchaus auch in Widerspruch geraten können. Das ist klar, wenn es um die Erlaubnis geht, das eigene Leben zu führen; im Fall allgemeiner Gebote und Handlungsbeschränkungen, die unabhängig davon gelten, worin das Ziel des Handelns besteht, wird dies weniger deutlich.

Der Utilitarismus ist, wie jede rein konsequentialistische Auffassung, äußerst streng. Er verlangt, daß man den Beitrag zum Allgemeinwohl als einzige Rechtfertigung dafür gelten läßt, wie man sein Leben führt und welche Interessen man verfolgt. Die Gründe für Handeln dürfen sich nicht im Verweis auf eigene Wünsche oder Neigungen *erschöpfen*. Utilitaristische Überlegungen lassen sich vollständig auf einen überpersönlichen Standpunkt zurückführen, der der einzelnen Person keine besondere Stellung einräumt, es sei denn, dies ließe sich wiederum unter überpersönlichen Gesichtspunkten rechtfertigen. Doch diese Ansicht stößt naturgemäß auf Widerstand, wenn die Perspektive des Individuums eingenommen wird, das zwar dazu bereit sein mag, auch umfassenderen Überlegungen ein bestimmtes Gewicht beizumessen, das sich aber gleichzeitig in ganz erheblichem Maße durch unabhängige Ansprüche leiten läßt, die von seinem *eigenen* Leben gestellt werden und aus seinem eigenen Standpunkt in der Welt erwachsen. Aber wir haben es *nicht nur* mit einem Konflikt zwischen überpersönlichen

Werten und bloß individuellen Interessen zu tun, denn der Vorbehalt gegen den Utilitarismus läßt sich verallgemeinern. Jemand, der die konsequentialistischen Gebote nicht akzeptiert, weil sie Dominanz über seinen eigenen Standpunkt beanspruchen, wird diesen Einwand natürlicherweise auch auf andere übertragen. Er wird dazu neigen, einen *generellen* Vorbehalt gegenüber dem Konsequentialismus anzumelden, und statt dessen die persönliche Perspektive bevorzugen. Aber das wird eher zu einer *alternativen* Ethik als bloß zur Ablehnung von Ethik überhaupt führen. Eine solche alternative Ethik muß in ihrem Geltungsbereich nicht eingeschränkter sein als der Utilitarismus, aber sie wird *subjektiv* sein, und zwar in einem Sinne, in dem es konsequentialistische Auffassungen nicht sind. Innerhalb gewisser Grenzen wird es jeder Person erlaubt sein, den Schwerpunkt darauf zu legen, das *eigene* Leben zu führen; und es wird sich kein einzelnes, objektiv beschreibbares Ziel bestimmen lassen, das für jeden als Maßstab seiner Handlungen dient.

In diesem Sinne sind die deontologischen Gebote und Verbote, die sich einer konsequentialistischen Darstellung entziehen, ebenfalls subjektiv. Die Verbote von Mord, Lüge, Betrug, Raub oder Gewaltanwendung setzen – obwohl auch sie universelle Geltung beanspruchen sollen – der Konzeption eines einzelnen Zieles, dessen Herbeiführung sich *jedermann* voll und ganz widmen sollte, die spezifischen Beziehungen *des Handelnden* zu anderen Menschen entgegen. Diese Verbote sind ebenfalls auf den Handelnden bezogen, wenn auch auf andere Weise: Die wirkliche Grundlage dieser Restriktionen liegt nicht in Überlegungen, die den Handelnden selbst betreffen, sondern sie beruhen auf Überlegungen, die sich auf das potentielle *Opfer* beziehen, dessen Rechte geschützt werden. Doch die Tatsache, daß es unrecht ist, diese Rechte zu verletzen, verbietet es jeder Person, gegen die Rechte anderer zu verstoßen, aber sie gebietet einem nicht, man müsse versuchen, die Anzahl der Verstöße überhaupt, von wem auch immer sie ausgehen, zu minimieren (auch wenn das hieße, selbst einige Verstöße zu begehen).[6] Deontologische Gebote sind insofern auf den Handelnden bezogen, als sie jede Person anweisen, Recht oder Unrecht ihrer Handlungen einzig aus der Perspektive ihres Standpunktes in der Welt und ihrer unmittelbaren Beziehungen zu anderen zu beurteilen. Gerade die Überzeugung, daß die grundlegenden moralischen Begriffe nicht *gut* und *schlecht*, sondern *recht* und *unrecht* sind, bringt zum Ausdruck, daß uns in erster Linie am Charakter unserer eigenen Handlungen und nicht an der Welt als ganzer gelegen sein muß.[7]

Sollte es einen Unterschied in der Sichtweise geben, die diesen beiden Arten von Vorbehalten gegen den Konsequentialismus zugrundeliegt, dann besteht er darin, daß sich der erste Einwand vom Standpunkt des handelnden Individuums herleitet, während der zweite auch dann auftaucht, wenn man sowohl den eigenen Standpunkt berücksichtigt als auch die Stellung der Menschen, zu denen man im Handeln unmittelbar in Beziehung tritt. Deontologische Gebote nehmen eine Zwischenstellung zwischen rein individuellen Motiven und vollkommen überpersönlichen Werten ein.

Die Debatten darüber, ob der Utilitarismus tatsächlich die Folgen hat, die ihm von antikonsequentialistischen Kritikern untergeschoben werden, sind bekannt. Sie behandeln Teilaspekte der allgemeineren Diskussion zwischen Anhängern radikaler und gemäßigter Interpretationen des Utilitarismus. Es werden aber auch Auseinandersetzungen über die Formulierung alternativer Auffassungen geführt: über ihren Geltungsbereich sowie über die Frage, ob sie auf die Rechte

6 Siehe »Krieg und Massenmord« in meinen Essays.

7 Eine Moraltheorie dieses Typs wurde von Charles Fried entwickelt: *Right and Wrong*, Cambridge (Mass.) 1978. Eine Auffassung, die eine Zwischenstellung einnimmt, wurde von Samuel Scheffler vertreten: *Agents and Outcomes*, Diss. Princeton 1977. Er verteidigt Erlaubnisse, die auf den Handelnden bezogen sind, verwirft aber auf den Handelnden bezogene Gebote, weil letztere keine verständliche Grundlage hätten.

des Einzelnen auf Freiheit, auf Selbstverwirklichung oder auf zwischenmenschliche Bindungen Bezug nehmen sollten. Obwohl es weniger klar ist, worin diese Alternativen genau bestehen, tritt das Wesen des Konflikts deutlich hervor: Die Kernfrage besteht darin, auf welche Weise der individuelle Standpunkt des Handelnden in die Entscheidung eingehen sollte, was er tun soll bzw. tun darf.

Offensichtlich muß dieser Standpunkt zwangsläufig eine große Rolle spielen. Selbst einer konsequentialistischen Auffassung zufolge hängt die Frage, was man tun soll, von den Handlungsmöglichkeiten, die einem offen stehen, und von der relativen Erwünschtheit der möglichen Resultate ab. Dennoch ist das konsequentialistische Urteil, daß man etwas tun soll, im wesentlichen das Urteil, daß es *am besten* wäre, wenn man es täte – daß es *geschehen* sollte. Man handelt richtig, wenn man sich, soweit es irgend möglich ist, zum Werkzeug der Realisierung dessen macht, was *sub specie aeternitatis* am besten ist.

Dagegen setzen Auffassungen, die den Handelnden in den Mittelpunkt stellen, das, was recht, unrecht oder erlaubt ist, zumindest teilweise auf der Grundlage des Lebens des Individuums, seiner Rolle in der Welt und seiner Beziehungen zu anderen fest. Die am Handelnden orientierte Ethik legt den Schwerpunkt auf die Frage, *was zu tun sei*, eine Frage, die vom handelnden Individuum gestellt wird; eine solche Ethik geht *nicht* von der Annahme aus, daß man diese Frage nur dadurch beantworten kann, daß man angibt, welche Handlung *sub specie aeternitatis* am besten wäre. Sie könnte sich außerdem auf den Standpunkt stellen, daß es durchaus nicht klar ist, inwieweit Überlegungen darüber, *was am besten wäre*, in einer Handlungsentscheidung am Platz seien, und daß diese Frage durch eine Analyse von Entscheidungen, die den Handelnden in den Mittelpunkt stellen, und eine Analyse der Gründe für solche Entscheidungen geklärt werden muß.

Es gibt also zwei verschiedene Möglichkeiten, die Welt zu

sehen; und die Kernfrage besteht darin, welche von ihnen relative Priorität beanspruchen kann, wenn es um das Handeln geht. Auf der einen Seite läßt sich der Standpunkt vertreten, daß die eigenen Entscheidungen letztlich aus einer externen Perspektive zu beurteilen sind, aus der heraus man bloß eine Person unter anderen zu sein scheint. Die Frage lautet dann: »Was wäre am besten? Welche der Handlungen, die im Bereich meiner Möglichkeiten liegen, haben die besten Auswirkungen, wenn alles von da draußen, nämlich von einem überpersönlichen Standpunkt aus, in Betracht gezogen wird?« Diese Sichtweise beansprucht kraft ihres umfassenderen Blickwinkels Priorität. Sie wird der Situation des Handelnden angeblich innerhalb eines erweiterten Rahmens gerecht.[8]

Auf der anderen Seite läßt sich aber auch der folgende Standpunkt verteidigen: Selbst wenn es einem Handelnden gelingt, seine Situation auch unabhängig von seiner Persönlichkeit zu beurteilen, *müssen* die Einsichten, die sich aus einer solchen Distanzierung ergeben, in sein persönliches Bild integriert werden, bevor sie Entscheidungen und Handlungen beeinflussen können, weil er sein Leben nur von seinem eigenen Standpunkt aus führen kann. Das zu erstreben, was von einem überpersönlichen Standpunkt aus betrachtet am besten ist, mag ja ein wichtiger Aspekt des individuellen Lebens sein, aber welche Rolle dieser Aspekt in diesem *Leben* spielt, muß von einem persönlichen Standpunkt aus festgelegt werden, denn das Leben ist immer das Leben einer einzelnen Person; es kann nicht *sub specie aeternitatis* geführt werden.[9]

8 In meinem Buch *The Possibility of Altruism*, Oxford 1970 / Princeton 1978 verteidige ich eine Variante dieser Auffassung.

9 Diese Auffassung wurde überzeugend von Bernard Williams vorgetragen: »A Critique of Utilitarianism«, in: Jack J. C. Smart / B. W.: »Utilitarianism For and Against«, Cambridge 1973 (dt.: *Kritik des Utilitarismus*, hrsg. und übers. von Wolfgang R. Köhler, Frankfurt a. M. 1979). Siehe auch: B. Williams, »Persons, Character and Morality«, in: Amelie Rorty (Hrsg.), *The Identities of Persons*, Berkeley 1976 (dt.: »Personen, Charakter und

Der Streit zwischen diesen beiden Auffassungen scheint in einem Patt zu enden, denn jede der beiden Perspektiven beansprucht mit dem Hinweis darauf, die jeweils andere einbeziehen zu können, Dominanz. Vom überpersönlichen Standpunkt aus überschaut man eine Welt, zu der auch das Individuum und dessen persönliche Auffassungen gehören. Vom persönlichen Standpunkt aus gesehen sind die Ergebnisse überpersönlicher Überlegungen andererseits nur ein Ausschnitt aus dem Weltbild des Individuums.
Die Liste der Probleme könnte erweitert werden. Die Schwierigkeit, subjektive und objektive Perspektiven miteinander in Einklang zu bringen, stellt sich offensichtlich auch im Hinblick auf Raum und Zeit, im Zusammenhang mit dem Tod und überall in der Erkenntnistheorie. Vielleicht ist es die reinste Form des Problems, wenn sich Zweifel melden, daß man ein besonderes Einzelwesen, ein ganz spezifisches Individuum einer bestimmten Spezies sein soll, das zu einer bestimmten Zeit an einem bestimmten Ort im Universum existiert.[10] All diese Fragen weisen ein gemeinsames Muster auf, das es rechtfertigt, eine allgemeinere philosophische Schwierigkeit hinter ihnen zu sehen, eine Schwierigkeit, die allerdings durch die Diversität dieser Fragen verdeckt und in Diskussionen manchmal ignoriert wird – was dann zu unbefriedigenden Resultaten führt. Im folgenden möchte ich einige Strategien diskutieren, mit dem Problem fertig zu werden. Aber zunächst werde ich die

Moralität«, in: B. Williams, *Moralischer Zufall. Philosophische Aufsätze 1973–1980*, übers. von André Linden, Königstein i. Ts. 1984, S. 11–29). In diesem Aufsatz prüft Williams nicht nur die Ansprüche einer am eigenen Leben orientierten Sichtweise, sondern auch diejenigen, die sich aus einer Sichtweise ergeben, die auf die Gegenwart bezogen ist. Auf die Tendenz einer subjektiven Perspektive, auf den gegenwärtigen Augenblick zusammenzuschrumpfen, hat auch Derek Parfit in seiner (bisher unveröffentlichten) skeptischen Arbeit über Klugheit hingewiesen.

10 Siehe Thomas Nagel, »Das Objektive Selbst«, übers. von Thomas Nenon, in: Ludwig Siep (Hrsg.), *Identität der Person. Aufsätze aus der nordamerikanischen Gegenwartsphilosophie*, Basel/Stuttgart 1983. [Anm. des Hrsg.]

Analogien zwischen den unterschiedlichen Formen diskutieren, die das Problem annehmen kann.

Ich werde zwar von der subjektiven und der objektiven Perspektive sprechen, aber das ist eigentlich nur eine Abkürzung, denn es gibt nicht nur *zwei* solcher Perspektiven, nicht einmal zwei solcher Kategorien, denen sich speziellere Perspektiven zuordnen lassen. Vielmehr handelt es sich um eine *Polarität*. Am einen Ende dieses Kontinuums befindet sich die Perspektive eines besonderen Individuums, das sich in einer spezifischen Konstitution, Situation und Beziehung zum Rest der Welt befindet. Von dort aus kann man eine auf größere Objektivität gerichtete Bewegung ausmachen, die durch eine Abfolge von Abstraktionsschritten gekennzeichnet ist: Zunächst wird von den spezifischen räumlichen, zeitlichen und persönlichen Positionen des Individuums in der Welt abgesehen, dann von den Merkmalen, die es von anderen Menschen unterscheidet, dann bleiben auch die Wahrnehmungs- und Handlungsformen, die für Menschen charakteristisch sind, unberücksichtigt, dann wird der enge Bereich durchbrochen, der durch menschliche *Maßstäbe* bezüglich Raum, Zeit und Quantität abgesteckt wird; und schließlich wird eine Beschreibung der Welt angestrebt, die – soweit es irgend möglich ist – nicht mehr an einen Standpunkt gebunden ist, der irgendwo in der Welt eingenommen wird. Vermutlich führt dieser Prozeß nicht auf einen Endpunkt, aber er zielt darauf ab, die Welt so aufzufassen, daß es nichts mehr gibt, was in ihrem Mittelpunkt stehen könnte, der Betrachter ist nur noch einer ihrer Bestandteile.
Die Unterscheidung zwischen subjektiv und objektiv ist also relativ. Eine menschliche Perspektive im allgemeinen ist objektiver als die Perspektive, die jeder von uns von dort aus hat, wo er sich zufällig gerade befindet; sie ist aber weniger objektiv als die Sichtweise der physikalischen Wissenschaft. Der Gegensatz des Subjektiven und Objektiven kann an

jeder Stelle im Spektrum auftreten, an der ein Gesichtspunkt Dominanz über einen anderen, subjektiveren beansprucht, und wo dieser Anspruch bestritten wird. In der Diskussion über den Konsequentialismus in der Ethik tritt er in Form des Konflikts zwischen internen und externen Betrachtungsweisen des menschlichen Lebens auf, die gleichwohl beide die Wichtigkeit menschlicher Belange und Ziele voll und ganz anerkennen. Beim psychophysischen Problem erscheint der Gegensatz als Konflikt zwischen einer internen, ihnen eigenen Sichtweise der Menschen und der externen Sichtweise der physikalischen Theorie. Beim Problem der Identität der Person zeigt er sich im Konflikt zwischen der Perspektive eines bestimmten Individuums, aus der es seine eigene Vergangenheit und Zukunft überblickt, und der Perspektive, die andere ihm gegenüber als einem fortdauernden bewußten Wesen einnehmen, das sich durch körperliche und psychische Kontinuitäten charakterisieren läßt.

Noch einen anderen Punkt möchte ich betonen: Etwas Subjektiveres muß nicht notwendigerweise auch etwas Privateres sein, im allgemeinen ist es intersubjektiv zugänglich. Ich vermute, daß die subjektiven Vorstellungen vom Erleben, vom Handeln und vom Selbst in einem gewissen Sinn Allgemeingut sind. Daran liegt es übrigens, daß das psychophysische Problem und die Probleme des freien Willens und der personalen Identität nicht bloß Probleme sind, die den eigenen Fall betreffen.

Ich kann hier nicht auf Wittgensteins Argumente eingehen, der auf die Intersubjektivität von Regeln und deshalb auch von Begriffen aufmerksam machte.[11] Ich glaube, daß er recht hat und daß sogar unsere subjektivsten, phänomenologischen Begriffe in gewissem Sinn öffentliche Begriffe sind. Doch sie sind in einem ganz anderen Sinne öffentlich als die Begriffe, die verwendet werden, um die physikalische Welt zu beschreiben. Die Koordination der Perspektiven, aus de-

11 Ludwig Wittgenstein, *Philosophische Untersuchungen*.

nen verschiedene Individuen auf ihr eigenes Erleben blicken, unterscheidet sich vollständig von der Koordination ihrer Perspektiven auf die externe Welt. Im ersteren Fall gibt es keine Entsprechung für die Tatsache, daß verschiedene Individuen eine Perspektive auf dasselbe Objekt teilen können. Wittgenstein vertritt die Auffassung, daß Empfindungen nichts als Erscheinungen *sind*. Ihre Qualitäten sind also nicht Eigenschaften von Objekten, die jedem erscheinen, der die entsprechenden Empfindungen hat. Die Ähnlichkeit ihrer Qualitäten besteht nicht in der Ähnlichkeit der Eigenschaften solcher Objekte, sondern es handelt sich um Ähnlichkeiten zwischen Erscheinungen, also um Ähnlichkeiten zwischen irreduzibel subjektiven Phänomenen. Nur wenn wir ihre Subjektivität zugeben – wenn wir also zugeben, daß jede Empfindung ihrem Wesen nach *jemandem* erscheint – können wir verstehen, in welcher spezifischen Weise Empfindungen intersubjektiv vergleichbar und nicht privat sind. Theorien, die Empfindungen als private Objekte oder als Sinnesdaten auffassen, liefern Beispiele für eine falsche Vergegenständlichung von etwas, das seinem Wesen nach subjektiv ist.

Da selbst für die subjektivsten Phänomene eine Art intersubjektiver Übereinstimmung kennzeichnend ist, kann man den Übergang zu einer objektiveren Perspektive nicht durch bloße intersubjektive Übereinstimmung vollziehen. Man kommt einer objektiveren Perspektive auch nicht durch eine Erweiterung des imaginativen Horizontes näher, durch die man Zugang zu vielen subjektiven Perspektiven gewinnt, die sich von der eigenen unterscheiden. Das wesentliche Merkmal des Übergangs ist in all den Beispielen, die ich angeführt habe, *Externalität* oder *Distanzierung*. Es wird der Versuch unternommen, die Welt nicht von einem Standpunkt, der in ihr liegt, oder aus der Perspektive einer spezifischen Lebens- oder Bewußtseinsform zu betrachten, sondern schlechthin *unabhängig* von jedem besonderen Ort und *unabhängig* von jeder spezifischen Lebensform. Man versucht die Dinge – so wie sie *eigentlich* sind – zu verstehen, indem man all die Merkmale eines Gegenstandes in Abzug bringt, die auf unsere vorreflexive Sichtweise zurückgeführt werden müssen, durch die uns die Dinge in der gewohnten Weise erscheinen. Wir fliehen das Subjektive unter dem Druck der Überzeugung, daß alles, was es gibt, *an sich*, also unabhängig von jeder Perspektive, irgendwie sein muß. Dies zu erfassen, indem wir mehr und mehr von unserer eigenen Perspektive Abstand nehmen, das ist das unerreichbare Ideal, auf das unser Streben nach Objektivität zielt.

Die eine oder andere Form dieser Polarität findet sich in nahezu jedem Gegenstandsbereich – in der Ethik, der Erkenntnistheorie, der Metaphysik. Die Subjektivität oder Objektivität unterschiedlicher Erscheinungen im Verhältnis zueinander ist eine Frage des Grades; aber der Drang nach externeren Perspektiven wird überall in der gleichen Weise wirksam. Man erkennt, daß die eigene Sichtweise durch Zufälligkeiten der eigenen körperlichen Zusammensetzung und Veranlagung oder durch Besonderheiten der eigenen Situation verzerrt werden kann. Um dies zu korrigieren, ist es notwendig, entweder die Abhängigkeit von den Wahrnehmungs- und Urteilsformen zu verringern, die am ehesten für Verfälschungen verantwortlich sind, oder aber die Mechanismen der Verzerrung zu analysieren, um sie dann unmittelbar in Rechnung stellen zu können. Daran liegt es, daß das Subjektive im Kontrast zu diesem Fortschreiten in Richtung Objektivität definiert wird.

Probleme entstehen, weil *ein und dasselbe* Individuum beide Perspektiven tatsächlich einnimmt. Wenn es versucht, die verfälschenden Einflüsse seiner spezifischen Natur zu verstehen und von ihnen abzusehen, muß es zu anderen Aspekten seiner Natur Zuflucht nehmen, deren verzerrenden Einfluß es für geringer hält. Das Individuum untersucht sich selbst und seine Wechselwirkungen mit der Welt. Zu diesem Zweck ist es aber auf Komponenten seiner selbst angewiesen, die ihm besonders geeignet erscheinen. Zwar können auch sie wiederum einer Prüfung unterzogen werden, wobei dieser Prozeß möglicherweise kein Ende hat. Aber es ist offensichtlich, daß die Auswahl der vertrauenswürdigen Komponenten ein Problem aufwirft.

Der Entscheidung, worauf man sich stützen soll, liegt unter anderem die Überzeugung zugrunde, daß eine Erscheinung um so eher aus einer Vielzahl von Perspektiven erfaßt werden kann, je weniger sie von den *Kontingenzen* eines besonderen Subjekts abhängt. Wenn die Dinge auf eine bestimmte Weise *wirklich* existieren, auf eine Weise, die erklärt, daß sie unterschiedlich gearteten Betrachtern, die sich in unterschiedlichen Situationen befinden, auch unterschiedlich erscheinen, dann läßt sie sich am zutreffendsten unter Anwendung von Methoden erfassen, die nicht spezifisch für einen bestimmten Typus von Beobachtern sind. Daran liegt es, daß wissenschaftliches Messen zwischen uns und die Welt Instrumente einschaltet, deren Wechselwirkungen mit der Welt auch von Wesen wahrgenommen werden könnten, die nicht über unsere menschlichen Sinnesorgane verfügen. Objektivität verlangt nicht nur, die eigene individuelle Perspektive aufzugeben, sondern sie erfordert auch, daß die spezifisch menschliche Sichtweise, ja sogar die für Säugetiere charakteristische Perspektive – soweit es möglich ist – überwunden wird. Dahinter steht die Überzeugung, daß eine bestimmte Betrachtungsweise der Wirklichkeit näher kommt, wenn man sie auch dann noch beibehalten kann, wenn man sich immer mehr von den Besonderheiten des eigenen Standpunktes und der eigenen Konstitution entfernt. Die Aspekte, in denen die Ergebnisse verschiedener Betrachtungsweisen inkompatibel sind, indizieren Verzerrungen der Realität. Wenn es wirklich so etwas wie *die* richtige Sichtweise gibt, dann läßt sie sich jedenfalls gewiß nicht mit der unmodifizierten Perspektive identifizieren, die sich von dem Standpunkt in der Welt eröffnet, den man zufällig gerade einnimmt. Es muß sich um eine Perspektive handeln, die außer dem Blick auf all die anderen Dinge auch den Blick auf den Betrachter selbst erlaubt – und zwar mit all den Zufälligkeiten seiner Konstitution und seiner Umgebung; dem Betrachter wird kein besonderer, zentral gelegener Standpunkt mehr zugestanden. Und die richtige Perspektive muß weiter zulassen, daß auch der Typus eines Wesens, zu dem der Beobachter gehört, keine Rolle mehr spielt. Das wahre Bild kann die Dinge weder auf die Weise darstellen, wie sie *uns* Menschen naturgemäß erscheinen, noch in der Weise, in der *ich* sie von *hier* aus sehe.

Das Streben nach Objektivität erfordert also ein Transzendieren des Selbst – und zwar in doppelter Hinsicht. Sowohl die Besonderheiten des Individuums als auch die Besonderheiten der Spezies, der es angehört, müssen transzendiert werden. Wir müssen diese Art des Transzendierens wiederum von einer anderen unterscheiden, kraft deren man sich auf imaginative Weise andere subjektive Perspektiven zu eigen macht und sich eine Vorstellung davon zu machen sucht, wie die Dinge erscheinen, wenn man sie von anderen spezifischen Standpunkten aus betrachtet. Objektive Transzendenz zielt darauf, alles darzustellen, was für alle spezifischen Perspektiven extern ist: Es geht um das, was *an sich* existiert oder *an sich* wertvoll ist, und nicht *für* irgend jemanden. Zwar kann jede verfügbare Perspektive als Medium der Darstellung fungieren – wir Menschen verwenden typischerweise visuelle Diagramme und Notationen, wenn wir Physik betreiben –, aber das Ziel besteht darin, die Dinge so darzustellen, wie sie sind – und zwar nicht *für* ein bestimmtes Geschöpf oder *für* eine bestimmte Art. Diese Vorgehensweise setzt voraus, daß sich das Dargestellte vom Darstellungsmodus trennen läßt, so daß dieselben physikalischen Gesetze auch von Wesen dargestellt werden könnten, die keine Wahrnehmungsformen mit uns gemeinsam haben.

Im Zusammenhang mit der Frage, wie man diese Art der

Transzendenz erreicht, treten zwar Probleme auf, aber unabhängig davon handelt es sich um einen wichtigen Weg zur Verbesserung unseres Verständnisses. Wir können gar nicht anders, als weiter auf diesem Weg voranzuschreiten und dabei einen immer umfassenderen Bereich des Lebens und der Welt diesem Prozeß des Transzendierens zu unterwerfen. Aber das konsequente Streben nach größerer Objektivität stößt auf Schwierigkeiten und wirft die von mir beschriebenen Probleme auf, sobald es zwangsläufig auch das eigene Selbst erfaßt, um dem Anspruch gerecht zu werden, einen möglichst umfassenden Gegenstandsbereich abzudecken.

Die Schwierigkeiten tauchen also auf, wenn die objektive Sichtweise auf ein sich subjektiv offenbarendes Phänomen trifft, das sie nicht in den Griff bekommen kann. Denn ihr Anspruch auf eine umfassende Geltung wird dadurch in Frage gestellt. Der unverdauliche Kloß kann entweder eine Tatsache oder ein Wert sein. Das Problem personaler Identität und das psychophysische Problem stellen sich deshalb, weil bestimmte subjektiv augenscheinliche Tatsachen über das Selbst zu verschwinden scheinen, wenn man zu einem objektiven Standpunkt aufsteigt. Die Probleme im Zusammenhang mit dem Konsequentialismus und dem Sinn des Lebens treten auf, weil sich bestimmte persönliche Werte auf ähnliche Weise dem Blickfeld entziehen, wenn man zu einem immer distanzierteren und unpersönlicheren Standpunkt aufsteigt. Im Problem des freien Willens durchdringen sich beide Effekte.

In jedem der Fälle scheint es, daß irgend etwas aufgegeben werden muß, weil zwei natürliche und notwendige Denkweisen miteinander kollidieren und – ohne Änderungen – nicht in einem einzigen Bild der Welt vereinigt werden können. Aber selbst wenn wir Änderungen zulassen, scheint unsere Entscheidungsfreiheit eingeschränkt und die Wahl nicht gerade angenehm zu sein. Wenn wir daran festhalten wollen, daß alles Reale objektiv beschreibbar sein muß, dann stehen uns drei Möglichkeiten offen, mit widerspenstigen subjektiven Aspekten zu verfahren: Reduktion, Elimination und Annexion.

1. *Reduktion:* Man kann versuchen, die Erscheinungen soweit wie möglich zu retten, indem man sie objektivistisch interpretiert. Zum Beispiel könnte man eine konsequentialistische Theorie von Rechten, speziellen Pflichten oder zulässigen Formen von Eigeninteresse vorschlagen. Und man könnte unser Erleben unter Bezugnahme auf Verhaltenskriterien, unser Handeln durch bestimmte Arten von Ursachen und personale Identität im Rückgriff auf physikalische oder mentale Kontinuität analysieren.

2. *Elimination:* Wenn kein Reduktionsvorschlag plausibel erscheint, kann man das, was uns die subjektive Perspektive zeigt, als *Schein* abtun, für dessen Entstehung man vielleicht sogar eine Erklärung anbieten kann. Zum Beispiel könnte man sich auf den Standpunkt stellen, daß es gar keine reine Identität der Person oder kein freies Handeln gibt. Man könnte sogar behaupten, daß es nicht einmal die subjektive Eigenart des Erlebens gibt, sondern daß Erlebnisse durch ihre kausale Rolle vollständig beschrieben werden können und darüber hinaus nicht auch noch phänomenale Qualitäten besitzen. Und schließlich könnte man deontologische Gebote und andere nicht-konsequentialistische Intuitionen als abergläubisch, egoistisch oder konventionell abtun.

3. *Annexion:* Wenn es nicht gelingt, das Subjektive auf das vertraute objektive Vokabular zu reduzieren, man aber seine Realität auch nicht von vornherein bestreiten will, dann kann man ein neues Element der objektiven Realität erfinden, das eigens für den Zweck geschaffen wird, das widerspenstige Phänomen aufzunehmen: Der Wille, das Ich, die Seele, oder vielleicht auch der Befehl Gottes könnten diese Rolle übernehmen. Solche metaphysischen Erfindungen können aber nur deshalb den Anschein erwecken, daß sie auch den Zweck erfüllen, auf den sie zugeschnitten sind, weil ihre Dunkelheit die Tatsache verschleiert, daß sich

dieselben Probleme der Subjektivität auch für sie stellen, wenn sie wirklich zur *objektiven* Realität gehören. Es hilft nicht weiter, unser Bild der objektiven Welt um all das zu bereichern, was uns die subjektive Perspektive aufdeckt, denn das Problem besteht nicht darin, daß irgend etwas ausgelassen worden ist. Eine objektive Auffassung von Raum und Zeit kann nicht deshalb bemängelt werden, weil sie die Identifikation des Hier und Jetzt *unberücksichtigt läßt*. Jede Auffassung, die diesem Aspekt Rechnung tragen würde, wäre nicht mehr objektiv, und umgekehrt würde jede objektive Erkenntnis diesen Aspekt aussparen. Das eben Gesagte gilt auch für die Prophezeiung, daß wir die mentalen Phänomene, sobald wir sie systematisch verstanden haben werden, zu den physikalischen rechnen werden – auch wenn das nicht unbedingt heißt, daß wir sie auf das Vokabular der heutigen Physik reduzieren werden.[12] Wir *können* diese Probleme nicht dadurch lösen, daß wir der objektiven (oder auch nur der physikalischen) Welt einfach all das einverleiben, was nicht bereits in ihr enthalten ist.

Die einzige Alternative zu diesen unbefriedigenden Lösungsversuchen besteht darin, dem Heißhunger nach Objektivität zu widerstehen und die Annahme aufzugeben, daß wir einen Fortschritt in unserem Verständnis der Welt und des Standpunktes, den wir in ihr einnehmen, einfach dadurch erreichen können, daß wir uns von diesem Standpunkt distanzieren und alles, was uns von ihm aus erscheint, in ein einziges umfassenderes Bild integrieren. Vielleicht führt es gar nicht zu der besten und zutreffendsten Weltbeschreibung, wenn man sich selbst so weit wie möglich transzendiert. Vielleicht sollte die Wirklichkeit gar nicht mit der objektiven Wirklichkeit identifiziert werden. Es bleibt aber das Problem zu erklären, weshalb die Objektivität als

12 Vgl. Noam Chomsky, *Language and Mind*, New York 1968, S. 83 f. (dt.: *Sprache und Geist*, übers. von Siegfried Kanngießer, Gerd Lingrün [u. a.], Frankfurt a. M. 1970).

ein allgemeines Ideal des Verstehens ungeeignet ist, ohne daß man dabei nur bemängelt, daß sie subjektive Elemente unberücksichtigt läßt, die sie zwangsläufig auch gar nicht berücksichtigen *kann*. Natürlich bleibt immer ein Spielraum für die Verbesserung unseres objektiven Verständnisses, aber die Überlegung, die ich zur Diskussion stelle, besagt nicht, daß das objektive Bild unvollständig ist, sondern daß es seinem Wesen nach nur eine Teilansicht bieten kann.

Diese Auffassung ist schwieriger zu akzeptieren, als es zunächst scheinen mag, denn sie impliziert, daß die Dinge nicht nur auf eine einzige Weise existieren. Selbst wenn man zugesteht, daß die Welt Tatsachen und Werte enthält, die mit einer besonderen Perspektive verknüpft sind, ist es verlockend, anzunehmen, daß der Umstand, daß etwas von einer bestimmten Perspektive aus betrachtet so und so ist, darin bestehen muß, daß – von keiner Perspektive aus betrachtet – etwas anderes der Fall ist (etwas, das natürlich auch objektive Relationen einschließen kann). Wer nicht an die Existenz objektiver Werte glaubt, kann versuchen, die Existenz subjektiver Werte unter Bezugnahme auf objektive Tatsachen über die Individuen, für die sie Werte sind, zu analysieren. Andere haben vermeintlich subjektive Werte durch objektive analysiert.[13] Und fast die gesamte Philosophie des Geistes ist durch die Weigerung gekennzeichnet, die Möglichkeit in Betracht zu ziehen, daß es gar keine objektiven Tatsachen gibt, die *wirklich* bestehen, wenn jemandem etwas rot erscheint.

Gewiß hat die *idealistische* Tradition, einschließlich der zeitgenössischen Phänomenologie, subjektive Perspektiven als grundlegend anerkannt, ja sie ging umgekehrt sogar so weit, eine irreduzibel objektive Realität zu leugnen. Ich habe mich hier auf diejenige Strömung konzentriert, die den Konflikt durch die Objektivierung aller subjektiven

13 Dies gilt z. B. für George Edward Moore, *Principia Ethica*, Cambridge 1903, S. 99 (dt.: *Principia Ethica*, übers. von Burkhard Wisser, Stuttgart 1970, S. 125).

Phänomene zu lösen sucht, denn diese Einstellung hat die gegenwärtige analytische Philosophie beherrscht – trotz Wittgenstein. Aber ich halte auch die idealistische Lösung für unakzeptabel, und zwar aus demselben Grund, der auch gegen eine solche Objektivierung spricht: Die objektive Realität kann ebensowenig wie die subjektive Realität einfach hinweganalysiert oder schlichtweg geleugnet werden. Selbst wenn nicht alle Dinge eine von jeglicher Perspektive unabhängige Natur haben, manche Dinge haben sie.

Sowohl der Idealismus als auch die entgegengesetzte objektivierende Auffassung gründen sich letztlich auf eine ihnen beiden gemeinsame Überzeugung: *Eine* Welt kann nicht sowohl irreduzible Standpunkte als auch eine irreduzible objektive Realität enthalten – eines von beiden muß das sein, was *wirklich* existiert, und das andere muß sich irgendwie darauf zurückführen lassen oder davon abhängig sein. Dies ist ein kaum abzuweisender Gedanke. Ihn zu bestreiten hieße, in einem gewissen Sinne zu bestreiten, daß es eine einzige Welt gibt.

Wir müssen gestehen, daß der Schritt zur Objektivität offenbart, wie die Dinge an sich *sind*, und nicht, wie sie erscheinen; also nicht nur, wie die Dinge aus einer relativ strengen und nüchternen Perspektive (statt aus anderen Perspektiven) *erscheinen*. Wenn der auf Objektivität gerichtete Blick menschliche oder auch andere erlebende Wesen erfaßt, die unleugbar zur Welt gehören, dann kann er also nur entdekken, wie sie an sich sind. Und wenn es stimmt, daß die Art und Weise, wie die Dinge *für* diese Subjekte sind, nicht zu der Art und Weise gehört, wie die Dinge *an sich* sind, dann läßt das objektive Bild, was immer es auch zeigen mag, etwas aus. Also besteht die Wirklichkeit nicht bloß aus der objektiven Wirklichkeit, und das Streben nach Objektivität ist nicht in allen Bereichen eine gleichermaßen geeignete Methode, die Wahrheit zu ermitteln.

Es ist denkbar, daß alle Dinge *einige* objektive Eigenschaften besitzen. Ich weiß nicht, ob es sinnvoll ist, demselben Ding sowohl physikalische als auch phänomenale Eigenschaften zuzuschreiben, aber vielleicht gehören sogar Erlebnisse zu den Ereignissen, die teilweise objektiv, vielleicht physikalisch, beschrieben werden können. Doch die Qualitäten, die sie zu Erlebnissen machen, existieren jedenfalls nur aus der Perspektive solcher Wesen, die diese Erlebnisse haben.

Da wir nicht die einzigen Geschöpfe des Universums sind, müßte ein allgemeines Bild der Realität ein allgemeines Bild des Erlebens enthalten, das unsere eigene subjektive Perspektive als Spezialfall beinhalten würde. Dieses radikal generische Bild des Erlebens geht völlig über unseren Verstand, und wahrscheinlich wird es dabei bleiben, solange menschliche Wesen existieren.

Dies verhilft der Objektivität zu einem vergleichsweise guten Ruf. Wir können nach einem einheitlichen, wenn auch sehr farblosen Bild der Realität streben, indem wir uns mehr und mehr von unserer eigenen Perspektive distanzieren. Dabei müssen wir allerdings im Gedächtnis behalten, was wir in Abzug gebracht haben, und wir dürfen uns nicht zu dem Gedanken verführen lassen, wir hätten dafür gesorgt, daß all dies verschwunden ist. Das ist für die Beschäftigung mit den philosophischen Problemen des freien Willens, der personalen Identität, einer auf das handelnde Subjekt bezogenen Ethik, und für die Beschäftigung mit dem psychophysischen Problem besonders wichtig; diese Fragen können nicht in Angriff genommen werden, wenn man von der subjektiven Perspektive absieht, an deren Existenz sie ja gerade gebunden sind.

Das Verlangen danach, sich selbst und die eigene Spezies zu transzendieren, ist so unwiderstehlich, und die Einblicke, die wir dabei gewinnen, sind so wichtig, daß es unwahrscheinlich ist, daß dieses Verlangen ernsthaft in Frage gestellt wird, wenn man die Grenzen der Objektivität anerkennt. Zwar verteidige ich eine Art Romantizismus, aber ich bin kein Extremist. Wenn wir uns verpflichten, die Polarität anzuerkennen, und wenn wir dafür sorgen, daß weder das Objektive vom Subjektiven noch das Subjektive vom Objektiven verschluckt werden kann, dann sollte das der Kreativität dienen. Es ist das Ziel, letzten Endes alles zu vereinheitlichen, das meiner Meinung nach in unserem Nachdenken über die Frage, wie wir unser Leben führen sollten und in unserem Bild von dem, was existiert, fehl am Platze ist. Die Koexistenz einander widersprechender Standpunkte, die sich durch den Grad ihrer Distanz von einem kontingenten Selbst unterscheiden, diese Koexistenz ist nicht bloß eine aus praktischen Gründen notwendige Illusion, sondern sie ist selbst eine unerschütterliche Tatsache des Lebens.

Biographische Notiz

Thomas Nagel wurde 1937 in Belgrad geboren, kam 1939 in die Vereinigten Staaten und wuchs in New York und Umgebung auf. 1954 bis 1958 studierte er zunächst als Undergraduate an der Cornell University in Ithaca; aus dieser Zeit verdankt er seinen Lehrern John Rawls, Norman Malcolm und Rogers Albritton ebenso wichtige Denkanstöße wie einem außerordentlich intensiven Studium der späteren Schriften Ludwig Wittgensteins. Anschließend studierte er zwei Jahre lang mit einem Fulbright-Stipendium an der Oxford University und stand dort insbesondere unter dem Einfluß von J. L. Austin, H. P. Grice, G. E. L. Owen (auf dem Gebiet der antiken Philosophie) und Philippa Foot. Nach seinem B.-Phil.-Examen in Oxford ging er an die Harvard University und promovierte dort 1963 im Fach Philosophie. Während dieser Zeit wurde er durch die Philosophen John Rawls, der inzwischen nach Harvard übergesiedelt war, Noam Chomsky, der am Massachusetts Institute of Technology lehrte, und Saul Kripke wesentlich beeinflußt, der schon in Harvard in seinen ersten Semestern als Undergraduate wichtige philosophische Gedanken ausarbeitete, unter anderem seine Interpretation der Philosophie Wittgensteins. In der Folge lehrte er drei Jahre an der University of California in Berkeley, vierzehn Jahre an der Princeton University, und seit 1980 an der New York University, an der er inzwischen als Professor der Philosophie und der Jurisprudenz tätig ist. Sein Interesse galt immer schon mehr als nur einer philosophischen Disziplin und vor allem der Frage nach dem Zusammenhang so unterschiedlicher Gebiete der Philosophie wie Metaphysik, Erkenntnistheorie, philosophische Psychologie, Ethik und politische Philosophie. Seit 1966 wohnt er in Manhattan.

Veröffentlichungen von Thomas Nagel

Buchveröffentlichungen

The Possibility of Altruism. Oxford 1970. Nachdr. Princeton 1978. Übers. ins Deutsche in Vorb.

Mortal Questions. Cambridge 1979. – Dt.: Über das Leben, die Seele und den Tod. Übers. von Karl-Ernst Prankel und Ralf Stoecker. Königstein i. Ts. 1984. – Übers. ins Spanische, Französische, Italienische und Japanische.

The View from Nowhere. Oxford 1986. – Dt.: Der Blick von Nirgendwo. Übers. von Michael Gebauer. Frankfurt a. M. [Ersch. 1992.] – Übers. ins Italienische.

What Does It All Mean? A Very Short Introduction to Philosophy. Oxford 1986. – Dt.: Was bedeutet das alles? Eine ganz kurze Einführung in die Philosophie. Übers. von Michael Gebauer. Stuttgart 1990. – Übers. ins Griechische, Tschechische, Niederländische, Italienische und Französische.

Equality and Partiality. Oxford 1991. – Übers. ins Deutsche in Vorb.

Herausgeber

(Mit Virginia Held und Sidney Morgenbesser) Philosophy, Morality, and International Affairs. Oxford 1984.

(Mit Marshall Cohen und Thomas Scanlon) The Rights and Wrongs of Abortion. Princeton 1974.

(Mit Marshall Cohen und Thomas Scanlon) War and Moral Responsibility. Princeton 1974.

(Mit Marshall Cohen und Thomas Scanlon) Equality and Preferential Treatment. Princeton 1977.

(Mit Marshall Cohen und Thomas Scanlon) Marx, Justice, and History. Princeton 1980.

(Mit Marshall Cohen und Thomas Scanlon) Medicine and Moral Philosophy. Princeton 1981.

Aufsätze

Hobbes' Concept of Obligation. In: Philosophical Review 68 (1959) S. 68–83.
Dreaming. In: Analysis 20 (1959) S. 112–116.
Physicalism. In: Philosophical Review 74 (1965) S. 339–356.
Sexual Perversion. In: Journal of Philosophy 66 (1969) S. 5–17.
Linguistics and Epistemology. In: Sidney Hook (Hrsg.): Language and Philosophy. New York 1969. S. 171–182.
The Boundaries of Inner Space. In: Journal of Philosophy 66 (1969) S. 452–458.
Death. In: Nous. Jg. 1970. S. 73–80.
Armstrong on the Mind. In: Philosophical Review 79 (1970) S. 394–403.
Wittgenstein. In: Village Voice. 11. Februar 1971.
Brain Bisection and the Unity of Consciousness. In: Synthese 28 (1971) S. 396–413.
The Absurd. In: Journal of Philosophy 68 (1971) S. 716–727.
War and Massacre. In: Philosophy and Public Affairs 2 (1972) S. 123–144.
Reason and National Goals. In: Science. Jg. 1972. S. 766–770.
Aristotle on *Eudaimonia*. In: Phronesis. Jg. 1972. S. 252–259.
Dennett on *Content and Consciousness*. In: Journal of Philosophy 69 (1972) S. 220–224.
Rawls on Justice. In: Philosophical Review 82 (1973) S. 220–234.
Equal Treatment and Compensatory Discrimination. In: Philosophy and Public Affairs 3 (1973) S. 348–362.
Freud's Anthropomorphism. In: Richard Wollheim (Hrsg.): Freud. New York 1974. S. 11–24.
What Is It Like to Be a Bat? In: Philosophical Review 83 (1974) S. 435–450.
Altruism and Economics. In: Edmund Phelps (Hrsg.): Altruism, Morality, and Economic Theory. New York 1975. S. 63–67.
Libertarianism without Foundations. In: Yale Law Journal. Jg. 1975. S. 136–149.
Moral Luck. In: Proceedings of the Aristotelian Society. Erg.-Bd. 50. 1976. S. 137–155.
The Fragmentation of Value. In: Daniel Callahan (Hrsg.): Knowledge, Value and Belief. New York 1977. S. 279–294.
Poverty and Food: Why Charity Is Not Enough. In: Peter G. Brown (Hrsg.): Food Policy. New York 1977. S. 54–62.

Ethics as an Autonomous Theoretical Subject. In: Gunther S. Stent (Hrsg.): Morality as a Biological Phenomenon. Berlin 1978. S. 221–232.

The Justification of Equality. In: Critica (Mexico) 10 (1978) S. 3–27.

Ruthlessness in Public Life. In: Stuart Hampshire (Hrsg.): Public and Private Morality. Cambridge 1978. S. 75–91.

The Meaning of Equality. In: Washington University Law Quarterly 57 (1979) S. 25–31.

The Limits of Objectivity. Salt Lake City / Cambridge 1980. (The Tanner Lectures on Human Values. 1980. Bd. 1.) S. 75–139.

Tactical Nuclear Weapons and the Ethics of Conflict. In: Parameters. Jg. 1981. S. 327 ff.

The Supreme Court and Political Philosophy. In: New York University Law Review 56 (1981) S. 519–527.

The Self from Within. In: Times Literary Supplement. 27. März 1981.

A Month in the Country. In: The New Republic. 14. März 1983.

The Objective Self. In: Carl Ginet / Sydney Shoemaker (Hrsg.): Knowledge and Mind. Oxford 1983. S. 211–232. – Dt.: Das Objektive Selbst. Übers. von Thomas Nenon. In: Ludwig Siep (Hrsg.): Identität der Person. Aufsätze aus der nordamerikanischen Gegenwartsphilosophie. Basel/Stuttgart 1983.

Castle Struggle. In: The New Republic. 23. Januar 1984.

Bemerkung zu Bernard Williams. Übers. von Heinz Liesbrock, Eva Schaper und Wilhelm Vossenkuhl. In: Bedingungen der Möglichkeit. ›Transcendental Arguments‹ und transzendentales Denken. Hrsg. von E. Sch. und W. V. Stuttgart 1984. S. 262–266.

Public Support for the Arts. In: Columbia Journal of Art 9 (1985) S. 236–239.

Williams on Ethics and the Limits of Philosophy. In: Journal of Philosophy 83 (1986) S. 351–360.

No Way Out. In: The Philosophical Forum. Jg. 1986/87. S. 171 bis 176.

Moral Conflict and Political Legitimacy. In: Philosophy and Public Affairs. Jg. 1987. S. 215–240.

Libertad y Objectividad. In: E. Villanueva (Hrsg.): Secundo Simposio Internacional de Filosofia. Bd. 2. Mexico 1987.

The Foundations of Impartiality. In: N. Fotion (Hrsg.): Hare and Critics. Oxford 1988. S. 101–112.

MacIntyre's *Whose Justice? Which Rationality?* In: Times Literary Supplement. 8. Juli 1988.

What Makes a Political Theory Utopian? In: Social Research 56 (1989) S. 903–920.
Freedom Within Bounds. In: Times Literary Supplement. 16. Februar 1990.

Register

Dieses Register wurde unter *inhaltlichen* Gesichtspunkten erstellt, d. h., äquivalente Gedanken fallen unter den häufigeren Begriff, wobei das Register der englischen Originalausgabe zugrunde gelegt wurde.